Formação & Informação

Ambiental

Jornalismo para iniciados e leigos

Dados Internacionais de Catalogação na Publicação (CIP)
(Câmara Brasileira do Livro, SP, Brasil)

Vilas Boas, Sergio
  Formação & informação ambiental : jornalismo para iniciados e leigos / Sergio Vilas Boas. – São Paulo : Summus, 2004.
  (Coleção Formação & informação)

  Bibliografia.
  ISBN 85-323-0855-4

  1. Jornalismo – Aspectos ambientais 2. Meio ambiente I. Título.

04-1553   CDD-070.4493637

Índices para catálogo sistemático:

1. Jornalismo e problemas ambientais   070.4493637
2. Meio ambiente e jornalismo   070.4493637

Compre em lugar de fotocopiar.
Cada real que você dá por um livro recompensa seus autores
e os convida a produzir mais sobre o tema;
incentiva seus editores a encomendar, traduzir e publicar
outras obras sobre o assunto;
e paga aos livreiros por estocar e levar até você livros
para a sua informação e o seu entretenimento.
Cada real que você dá pela fotocópia não-autorizada de um livro
financia um crime
e ajuda a matar a produção intelectual.

Formação & Informação

Ambiental

Jornalismo para iniciados e leigos

Sergio Vilas Boas

Organizador

summus
editorial

FORMAÇÃO & INFORMAÇÃO AMBIENTAL
Jornalismo para iniciados e leigos
Copyright © 2004 by autores
Direitos desta edição reservados por Summus Editorial.

Coordenador da coleção: **Sergio Vilas Boas**
Capa: **Camila Mesquita**
Editoração e fotolitos: **Join Bureau**
Impressão: **Sumago Gráfica Editorial Ltda.**

Summus Editorial
Departamento editorial:
Rua Itapicuru, 613 – 7º andar
05006-000 – São Paulo – SP
Fone: (11) 3872-3322
Fax: (11) 3872-7476
http://www.summus.com.br
e-mail: summus@summus.com.br

Atendimento ao consumidor:
Summus Editorial
Fone: (11) 3865-9890

Vendas por atacado:
Fone: (11) 3873-8638
Fax: (11) 3873-7085
e-mail: vendas@summus.com.br

Impresso no Brasil

Sumário

Apresentação 7

Cidades em mutação
Menos catástrofes e mais ecojornalismo 15
Roberto Villar Belmonte

Verde como dinheiro
Economia sustentável é utopia, contradição ou lucro certo? 49
Regina Scharf

Perceber a biodiversidade
Jornalismo e ecossistemas parecem (mas não são) elos perdidos 79
Eduardo Geraque

Água de uma fonte só
A magnitude do problema em uma experiência concreta 111
André Azevedo da Fonseca

Oxigênio para a energia
Entenda a idéia de um "jornalismo para o desenvolvimento".......... 149
Carlos Tautz

Dilemas da agricultura
A produção de alimentos colide com o ambiente porque sofre de avareza 177
Odo Primavesi

Apresentação

Choque heterodoxo

Comparada com uma indústria química, por exemplo, a imprensa é pouco poluente. Jornais, revistas, TVs, rádios e sites agridem o meio ambiente mais com a produção de lixo doméstico do que com substâncias tóxicas. Lixo (aquilo que se rejeita ou descarta), porém, não é feito só de matéria física. Engloba também matéria intelectual, informações e desinformações. Diariamente, vão para o esgoto grandes idéias para reportagens aprofundadas, sérias e inteligíveis sobre meio ambiente – temática vasta que afeta narinas, bocas, olhos, ouvidos, pele e inteligências. Há também as matérias que vão ao ar e se afogam no raso por falta de oxigenação.

Obviamente, o jornalismo não é o culpado pela morte de matas, rios e animais. Pelo menos não é o culpado principal e direto. Mas degradação ambiental é um problema que o jornalismo parece indisposto a enfrentar no dia-a-dia. O problema possui múltiplas causalidades, impactos locais e universais, envolve marcas e genéricos, leis e arbítrios, flechas e sotaques. Pergunta-se: os jornalistas estão preparados para transformar conhecimento em experiência ou vice-versa? O público, por sua vez, está sendo orientado a fazer sua parte? Enfim, a imprensa ajuda ou atrapalha a conscientização?

Os autores dos artigos deste volume concordam que a imprensa deveria adotar um enfoque mais ativamente educacional, esclarecedor e orientador das ações do público, sem didatismos banais. Mas muitas questões esbarram em estereótipos, alguns deles envolvendo os próprios jornalistas. Cinema e literatura criaram perfis risíveis dos profissionais da notícia. Do comunista romântico ao *yuppie*; do alienado *high-tech* ao vendedor de anúncios disfarçado; do velhaco ao ingênuo encantador; do pragmático de sandálias ao diletante de casaca; do bêbado empregado ao equilibrista subempregado; do todo-poderoso manipulador ao mau caráter omisso.

O único perfil mítico que em geral parece não comprometer o *etos* é o do jornalista especializado em meio ambiente, pintado de militante, idealista, combativo, resoluto, incorruptível. Embora "positivo", esse retrato é caricatural. De fato, muitos jornalistas, de Norte a Sul do Brasil, simpatizam com a "luta" ecológica, mas a maioria não admite publicamente, talvez para não sofrer represálias ou virar motivo de chacota: Putz, lá vem o ecochato! Xiita! Xiita!

O fator humano nos permite entrever outros espinhos. Fragmentado e isolado em relação aos demais campos das ciências humanas, nadando contra a maré da transdisciplinaridade, que já atingiu até as ciências ditas *hard*, o jornalismo passou a demandar mais e mais especialidades e setorizações para driblar a efemeridade deletéria inerente à sua práxis. A idéia de especializar com o objetivo de elevar a compreensão não é nada má. Mas as especializações têm ocorrido de maneira empírica, impulsiva, autodidata, sem método. Produziram-se, assim, distorções diversas. Muitos sujeitos se especializaram na área A achando que, por causa disso, poderiam desconhecer redondamente o que se passava na área B e na área C, por exemplo, que mantêm íntima conexão com a área A.

O pensamento complexo não aterrissou nos departamentos de meio ambiente dos veículos de comunicação (de massa ou sem massa), tanto nos que existem como nos que estão para existir. O que fazem, deixam de fazer ou poderiam estar fazendo os jornais, revistas, TVs, rádios e sites em relação às questões ambientais? Os autores dos artigos

Apresentação

selecionados neste livro oferecem vários caminhos para chegarmos às respostas. Algumas pistas: os episódios não podem ser abordados episodicamente; as informações precisam ser compartilhadas em caráter educativo (sem didatismos banais, repito); os projetos de expansão econômica são infinitos enquanto duram; a natureza tem regeneração finita enquanto se extingue; experimentar a natureza é diferente de contemplar lugares paradisíacos; a natureza é orgânica, antiimperialista, engajada; e a Terra é, hoje, o único planeta capaz de identificar e unir todas as tribos humanas.

Roberto Villar Belmonte lembra, em "Cidades em mutação", que as megalópoles, por exemplo, precisam desinchar, mas incluindo gente. Nada de criar assentamentos rurais precários, promover "limpezas" sociais ou estimular êxodos. "A nova noção que predomina é a do direito à cidade para todos. Uma nova postura diante da realidade desafiadora é necessária. Nesse contexto, a informação ambiental de qualidade torna-se não apenas estratégica como obrigatória. Porque a questão central do Brasil e da maioria dos países continua a mesma: garantir qualidade de vida a todas as pessoas que vivem nas cidades."

O meio ambiente está na pauta de assuntos do dia da imprensa, mas geralmente ocupa espaços periféricos e recebe uma abordagem exótica. As reportagens, na maioria das vezes, são fruto do interesse e da curiosidade do próprio jornalista. "Dificilmente as matérias resultam de uma decisão das chefias, pois o *status* editorial ainda não é proporcional ao tamanho da crise ecológica planetária." Por quê? Talvez devido à complexidade dos assuntos e à presença apenas incipiente do jornalismo ambiental nas faculdades de comunicação social – lacuna que esta coletânea, aliás, pretende preencher.

Para quem pensa que dólares são verdes somente na cor, Regina Scharf fornece uma série de provocações. Em "Verde como dinheiro", ela observa os conflitos de interesses entre as empresas capitalistas, as leis ambientais, as certificações internacionais e o verdadeiro custo-benefício do "ecologicamente correto" e da "produção limpa". Poucos profissionais enxergam, estudam e exploram as múltiplas conexões existentes entre a natureza e o mundo do dinheiro, passando, evidentemente, pelo comércio exterior e pelo sistema financeiro.

O "erro histórico", acredita Regina, está em achar que meio ambiente não interessa a empresários: "Qualquer executivo minimamente sintonizado com seu tempo tem noção de que a gestão dos recursos naturais deixou de ser um mal necessário para se converter em fator de competitividade. Mais: o meio ambiente em si é um belo nicho de negócios. Multiplicam-se os fabricantes de produtos reciclados, de coletores solares, de duchas que economizam água. É particularmente notável o crescimento disparado do mercado de alimentos orgânicos, cultivados sem agrotóxicos ou fertilizantes químicos. Segundo o Instituto Biodinâmico, principal certificador orgânico nacional, já existem mais de três mil produtores certificados. Eles detêm cem mil hectares de plantações de produtos agrícolas e extrativistas não-madeireiros, que vão da soja e do algodão ao dendê e à erva-mate. Esses produtos são cada vez mais acessíveis ao consumidor médio e já podem ser encontrados em grandes redes de supermercados".

Paralelamente às mudanças, porém, prevalece no jornalismo habitual uma estetização/idealização da natureza, forjando-se maniqueísmos ingênuos e falsas dicotomias. Eduardo Geraque percorre o caminho inverso. Ele nos convida a "Perceber a biodiversidade" nos guiando em um passeio por manguezais, matas, recifes de coral. Mostra as belezas do trivial e a importância da sabedoria local. "Para reconstruirmos a biodiversidade e percebermos a falta de nexo entre o problema e a abordagem na chamada grande imprensa, precisamos desconstruir a diversidade biológica, entender suas ramificações, suas relações com o seu interior e com o seu exterior. Este é um exercício essencial. O caminho é espiralado, complexo, mas fascinante."

A imprensa brasileira ainda não despertou para o jornalismo ambiental, acredita Eduardo: "Uma cobertura recorrente, aprofundada e multifacetada praticamente inexiste. Há poucas exceções, e elas geralmente aparecem em cadernos especiais de jornais ou em reportagens de revistas especializadas. Não significa de maneira nenhuma que faltam

Apresentação

profissionais interessados ou preparados para discutir e abordar a biodiversidade em toda a sua complexidade. O que ocorre é que os bons profissionais não encontram eco (não foi um trocadilho!) dentro nem fora do ambiente de trabalho".

Como estamos no Brasil, que por sua vez está na América Latina, e que também está no Hemisfério Sul, lado pobre do mundo, impossível preterir a vertente social. O chamado desenvolvimento sustentável é o conceito a ser perseguido, porque não tem nada de utópico. Portanto, entre escolher se o Brasil deve continuar sendo o maior celeiro de grãos do mundo e, com isso, ter um poder maior de barganha em reuniões como as da Organização Mundial de Comércio (OMC), por exemplo, ou preservar as florestas e os cerrados, existem inúmeras questões que precisam ser esclarecidas para o público.

Os índios costumam perguntar se herdamos o mundo dos nossos antepassados ou se apenas o tomamos emprestado das futuras gerações. Dá vontade de perguntar também: as próximas gerações terão de comprar água potável? Digamos que a resposta seja sim. Será tão fácil quanto comprar gasolina em um posto? André Azevedo da Fonseca encarou o desafio de abordar esse tema gigantesco em "Água de uma fonte só". Como os outros autores, André trata do assunto por meio da pesquisa e da vivência pessoal. Ele mora em Uberaba (MG), rica cidade de cerca de 250 mil habitantes que já sofre com o problema da má gestão da água doce. Sim, este é um problema concreto, e não para ser encarado daqui a décadas ou séculos! E se ocorre já em uma cidade de médio porte como Uberaba, o que dizer de megalópoles como São Paulo, Cidade do México, Nova Délhi, Bombaim, Xangai, Pequim, Lagos, Jacarta, Tóquio?

Há muitos números e pesquisas estatísticas sobre meio ambiente. Cuidado! O filósofo Francis Bacon (1561–1626) deu um bom conselho aos estudiosos das leis da natureza: suspeitem de tudo que sua mente adotar com muita satisfação. "As notícias e previsões de ecocatástrofes são atraentes para espectadores ávidos por emoções. Convém, entretanto, nutrir uma desconfiança crítica diretamente proporcional ao tamanho da desgraça anunciada, especialmente quando as conseqüências de desastres ambientais são anunciadas ao lado de verbos como 'poderá', 'suspeita-se', 'supõe-se' etc.", escreve André.

Não significa ser cínico ou ingênuo perante as evidências, mas é preciso estar atento aos sofismas dos discursos opostos – venham eles de ativistas cataclísmicos ou de empresas poluidoras oportunistas. "A imprensa faria um trabalho melhor se simplesmente tratasse as informações científicas de forma menos passional, o que não quer dizer usar de neutralidade. Em se tratando de meio ambiente, talvez até mais do que em outras áreas, neutralidade é utopia pura."

Em "Oxigênio para a energia", Carlos Tautz mostra exatamente a omissão implícita na suposta imparcialidade. Defensor do conceito de "jornalismo para o desenvolvimento", Carlos especula sobre uma forma de fazer jornalismo que, "vinda dos de baixo", como ele diz, incorpore novos paradigmas teóricos, técnicos e éticos na discussão do modo de produção de energia, um dos principais elementos da agenda do desenvolvimento internacional e, muito particularmente, do desenvolvimento nacional dos países latino-americanos.

Nas décadas de 1980 e 1990, a imprensa foi aos poucos abdicando de sua principal razão de existir. Deixou, por exemplo, de discutir se era possível desenvolver uma estrutura de geração de energia que incorporasse os valores ambientais e sociais. Interessou-se apenas secundariamente pela capacidade brasileira (sem nível de comparação em todo o planeta) de diversificar sua matriz energética. Diversificar como? Utilizando "fontes renováveis em que a indústria e a pesquisa científica aplicada, em nível internacional, estão investindo rios de dinheiro. É o caso do aproveitamento de biomassa em terras agricultáveis, da captação de raios solares (o Brasil é um dos cinco maiores receptores desses raios) e do aproveitamento do potencial eólico (os ventos no litoral nordestino são de muito melhor qualidade do que os da Europa, onde já respondem por quase 5% da matriz energética)".

O problema das matrizes energéticas toca no culto ao gigantismo – *big is beautiful!* – condenado por Odo Primavesi, agrônomo e pesquisador da Empresa Brasileira de Pesquisa Agropecuária (Embrapa). Odo é

Apresentação

o único dos seis articulistas que não possui formação em jornalismo e nunca trabalhou na imprensa. O foco de seu "Dilemas da agricultura" é a produção sustentável de alimentos. Alimentos para saciar a fome, diga-se, não para especulações financeiras. Como entender que agricultores passem fome por não conseguir ganhar dinheiro para comprar comida para a família com o produto agrícola que geraram? "De maneira geral, a agricultura brasileira não está preocupada em gerar alimentos. Estarrecido? Pois é verdade. Ela está preocupada em gerar produtos que tenham um bom preço no mercado. Mais: que possam ser exportados."

"Perguntem a qualquer produtor por que ele produz carne, ou tomates, ou batatas, ou milho. Em geral, vai dizer que é porque o preço no mercado está bom. Com raríssimas exceções dirá que é para alimentar sua família (há casos em que é proibido ingerir os próprios produtos devido a seu elevado grau de periculosidade), ou alimentar xis pessoas de sua comunidade. Os que conseguem exportar, exportam matéria-prima bruta, geralmente sem valor agregado, com exceção do suco de laranja, do açúcar cristal e do álcool."

Matéria-prima bruta pode gerar divisas, mas, historicamente, esse tipo de comércio nunca desenvolveu país algum. Lembre-se das aulas de História do Brasil ou dos Estados Unidos. Que tipo de agricultura desenvolveu regiões nesses dois países? Aquela orientada para grandes monoculturas destinadas à exportação e tocadas por mão-de-obra escrava (colonização de exploração, agricultura industrial) ou aquela diversificada, destinada a criar um ambiente propício para o bem-estar da família e da comunidade?

Você já percebeu que tem nas mãos uma obra repleta de perguntas atravessadas por alternativas. Algumas contrárias ao senso comum, outras jamais consideradas pela imprensa. Mire-se nas inúmeras vivências narradas. Elas o ajudarão a conectar os grandes temas do meio ambiente à vida real e ao dia-a-dia do jornalismo. A informação é de todos. A formação é sua.

Sergio Vilas Boas
Março de 2004

Cidades em mutação

*Menos catástrofes e
mais ecojornalismo*

ROBERTO VILLAR BELMONTE[*]

Uma explosão demográfica inchou as cidades brasileiras nos últimos trinta anos. A população urbana aumentou de 52,1 milhões (56%) em 1970 para 137,7 milhões (81,2%) em 2000. O resultado dessa concentração humana descontrolada são engarrafamentos sufocantes, um coquetel de poluentes pairando no ar, rios contaminados, comunidades inteiras sem local adequado para o destino final do lixo, a violência, o estresse e a baixa qualidade de vida. O cenário é complexo. Para qualquer jornalista descrevê-la, não basta uma boa reportagem sobre resíduos sólidos, tratamento de esgoto ou doenças respiratórias. O repórter deve ser capaz de juntar as pontas para mostrar o nexo entre

---

[*] Jornalista formado na Famecos/PUC-RS em 1991. Cobriu para a Rádio Gaúcha as conferências da ONU Rio 92 e Habitat II, e apresentou por cinco anos o programa Gaúcha Ecologia. Foi assessor de comunicação do Pró-Guaíba de 2000 a 2002. Participou do I Seminário Internacional de Jornalismo Ambiental realizado na Suécia em 1998. Atualmente é repórter da EcoAgência de Notícias, secretário-geral do Núcleo de Ecojornalistas do Rio Grande do Sul e um dos moderadores da Rede Brasileira de Jornalismo Ambiental. Contato: rvb21@terra.com.br.

assuntos tradicionalmente desconectados na colcha de retalhos do noticiário cotidiano. Uma teia de significados precisa ser alinhavada para possibilitar uma compreensão pública do fenômeno urbano.

A primeira vítima da urbanização brasileira foi a Mata Atlântica. Mais de três mil municípios e 108 milhões de habitantes estão assentados em locais onde antes existiam florestas com árvores frondosas. Era 1,3 milhão de km^2 distribuído ao longo de dezessete estados. Hoje restaram cerca de 7,3% da área original. Havia mata suficiente para cobrir um espaço equivalente ao estado do Pará. O que sobrou cabe no território de Santa Catarina.

Ainda ameaçada nas zonas urbanas por ocupações irregulares e pela especulação imobiliária, a Mata Atlântica tem funções estratégicas, como proteger e regular o fluxo dos mananciais hídricos que abastecem as principais cidades. Ela oferece paisagens belíssimas, influencia positivamente o clima e abriga uma rica biodiversidade de plantas e animais. Por questões de sobrevivência, é preciso aprender com os erros do passado. E também com os acertos.

"Os milhões de brasileiros que sofrem diariamente com os grandes congestionamentos, o aumento da criminalidade, a falta de áreas verdes, a poluição do ar e da água, a escassez de habitações e de transportes concordarão com o seguinte diagnóstico: nossas cidades estão doentes", escreveu Victor Civita em um trecho da Carta do Editor da revista *Realidade* de maio de 1972, auge da ditadura militar[1]. A edição especial de 288 páginas, com a manchete de capa *Nossas Cidades*, foi a mais completa investigação jornalística já publicada pela imprensa brasileira sobre a urbanização do país e do mundo.

Uma das reportagens daquela edição da revista – "De Oiapoque a Chuí, ouvindo o homem comum"–, assinada por Ruy Fernando Barboza,

---

1. O período áureo da revista foi 1966-1968. A censura e a força comunicativa crescente da TV no Brasil contribuíram para esvaziar um pouco a importância de *Realidade*. Apesar de tudo, as equipes continuaram praticando, na medida do possível, um jornalismo apaixonado, profundo e refinado.

foi feita em dezessete municípios de todas as regiões brasileiras durante dois meses e vinte dias de estrada. O relato do repórter busca "transmitir as cenas e os momentos de alegria, desânimo, simpatia, hostilidade ou indiferença" sentida em cada cidade. A pernambucana Garanhuns, terra natal de Luiz Inácio Lula da Silva, foi descrita como a "Suíça nordestina", por ser uma das poucas cidades da região onde chega a fazer frio em certas épocas do ano.

No expediente dessa edição histórica de *Realidade*, editada, então, por José Hamilton Ribeiro, o sociólogo Fernando Henrique Cardoso aparece como assessor. Millôr Fernandes se apresenta como urbano convicto e fundador do *upperground* – movimento revolucionário das coberturas de Ipanema – para descrever o desafio aceito de passar uma temporada "nas brelbas do rio das Mortes", no interior de Mato Grosso. O contraponto foi Wilson Rio Apa, um escritor *hippie* que nos anos setenta havia deixado São Paulo para viver numa colônia de pescadores no Paraná. Ele passa uma semana no Hotel Hilton para narrar sentimentos de assombro acerca do quão desvairada se tornara sua Paulicéia.

Os problemas urbanos foram minuciosamente escarafunchados pelos repórteres de *Realidade*, que até produziram, lado a lado com cartógrafos, mapas completos publicados em forma de suplementos para contar em detalhe a vida em Recife, Salvador, Belo Horizonte, Porto Alegre, São Paulo e Rio de Janeiro. A apuração jornalística levou seis meses, tempo que seria considerado um absurdo no frenesi industrial, asséptico e objetivo das redações deste terceiro milênio. Especialistas e inovadores da época foram entrevistados. Entre eles havia o arquiteto italiano Paolo Soleri, que iniciava o projeto do Arcosanti – a primeira "cidade-ecologia" – no deserto do Arizona, para descobrir se o homem seria capaz de construir um ambiente que não destruísse a natureza.

Carlos Lacerda entrevistou o dono da maior firma de planejamento urbano do mundo na época, Constantinos Apóstolos Doxiadis. O visionário grego comparava o homem moderno das cidades a uma espécie de centauro: metade gente, metade automóvel.

"Daqui a trinta anos, no máximo, nossas cidades estarão em plena revolução, quer a gente queira ou não", previu e acertou em cheio Constantinos, que Lacerda conheceu quando foi governador do estado da Guanabara, no início da década de 1960. Os repórteres e fotógrafos viajaram e sentiram – sentir é a palavra-chave – praticamente todo o território nacional. Traçaram um perfil amplo e abrangente das principais cidades brasileiras. Ao todo eram 3.953 municípios na época, onde vivia 56% da população de quase cem milhões de pessoas (1972). Passadas três décadas, o Brasil está com 170 milhões de habitantes, 5.561 municípios e raros trabalhos, quase nenhum, com o vigor jornalístico da tal edição de *Realidade*.

O que predomina no noticiário sobre os problemas urbanos é a cobertura pontual, com bastante destaque para momentos de crise (desgraças, de preferência) e pouco espaço para análises, investigações, interpretações e apresentação de novos caminhos. A cidade, que aproximou as pessoas, parece não ter deixado tempo para as utopias humanas. Estão todos sempre muito ocupados com assuntos mais relevantes e urgentes do que aqueles que afetam diretamente sua vida a curto, médio e longo prazos.

Incluir ou ruralizar?

O surgimento das cidades está relacionado com o desenvolvimento da cultura humana, a nosso ecossistema de idéias e, portanto, com nossas utopias. Com o desenvolvimento da linguagem apareceram as tribos. Quando aprendemos a escrever e iniciamos a agricultura criamos as cidades bem como os governantes e os governados. A Revolução Industrial, o trem, o automóvel e, por fim, a globalização, intensificada após a Segunda Guerra Mundial, deram origem à urbanização desenfreada do planeta. No início do século XVIII, apenas 2% da população humana vivia em cidades. Em 1950 eram 30% e no ano 2000 o número subiu para 47% (quase três bilhões de habitantes urbanos).

Cidades em mutação

Cálculo realizado pela pesquisadora Molly O'Meara Sheehan, do Instituto Worldwatch, revela que as cidades, que cobrem menos de 2% da superfície da Terra e ainda têm menos da metade da população global, são responsáveis por 78% das emissões de carbono, 60% do consumo residencial de água e 76% da madeira utilizada para fins industriais.

As metrópoles exigem uma enorme concentração de alimentos, água, energia e materiais que são, depois de consumidos, jogados fora sob a forma de lixo, resíduos e poluentes.

A cada dia, 180 mil pessoas chegam às zonas urbanas. As estatísticas da Organização das Nações Unidas (ONU) mostram que em 1950 Nova York era a única cidade com mais de dez milhões de habitantes. Em 2015, a ONU projeta a existência de pelo menos 23 megalópoles, dezenove delas nos países em desenvolvimento.

1950		1975		2000		2015	
1. Nova York	12,3	1. Tóquio	19,8	1. Tóquio	26,4	1. Tóquio	26,4
		2. Nova York	15,9	2. Cidade do México	18,1	2. Bombaim	26,1
		3. Xangai	11,4	3. Bombaim	18,1	3. Lagos	23,2
		4. Cidade do México	11,2	4. São Paulo	17,8	4. Dacar	21,1
		5. São Paulo	10,0	5. Nova York	16,6	5. São Paulo	20,4
				6. Lagos	13,4	6. Karachi	19,2
				7. Los Angeles	13,1	7. Cidade do México	19,2
				8. Calcutá	12,9	8. Nova York	17,4
				9. Xangai	12,9	9. Jacarta	17,3
				10. Buenos Aires	12,6	10. Calcutá	17,3
				11. Dacar	12,3	11. Nova Délhi	16,8
				12. Karachi	11,8	12. Metro Manila	14,8
				13. Nova Délhi	11,7	13. Xangai	14,6
				14. Jacarta	11,0	14. Los Angeles	14,1
				15. Osaka	11,0	15. Buenos Aires	14,1
				16. Metro Manila	10,9	16. Cairo	13,8
				17. Pequim	10,8	17. Istambul	12,5
				18. Rio de Janeiro	10,6	18. Pequim	12,3
				19. Cairo	10,6	19. Rio de Janeiro	11,9
						20. Osaka	11,0
						21. Tianjin	10,7
						22. Hyderabad	10,5
						23. Bangcoc	10,1

Fonte: Programa das Nações Unidas para Assentamentos Humanos

A América Latina é a parcela mais urbanizada do chamado "mundo em desenvolvimento". De 1930 até hoje a população aumentou de cem milhões para 519 milhões, 79% deles vivendo em áreas urbanas, taxa similar aos países industrializados. As estimativas da ONU apontam para 665 milhões de pessoas em 2020. A região já tem 51 cidades com mais de um milhão de habitantes, catorze delas no Brasil.

O século XX foi o século da "desruralização", conceito apresentado por Ignacy Sachs em artigo publicado na edição especial sobre cidades do jornal *Terramerica*, editado pelo Programa das Nações Unidas para o Meio Ambiente em outubro de 1998 e distribuído no Brasil pela Agência de Notícias Envolverde. Para o cientista, urbanizar significa oferecer aos que ocupam o espaço urbano condições de moradia decente, emprego, igualdade de oportunidades para os filhos e, sobretudo, pleno exercício da cidadania.

"Os que saíram do campo não entraram nas cidades. Estão apinhados em acampamentos de refugiados rurais, cidades perdidas, favelas, bairros periféricos. Uma das grandes tarefas deste século XXI será esvaziar estes purgatórios", defendeu Sachs, que é da Escola de Altos Estudos em Ciências Sociais de Paris.

Mas o "desruralizar" de Sachs é a mesma coisa que incluir e completamente diferente de afastar. A idéia de que é preciso esvaziar as áreas urbanas numa espécie de êxodo rural ao inverso parece estar amplamente superada. A nova noção que predomina é a do direito à cidade para todos. Uma nova postura diante da realidade desafiadora é necessária. Nesse contexto, a informação ambiental de qualidade torna-se não apenas estratégica como obrigatória. Porque a questão central do Brasil e da maioria dos países continua a mesma: como garantir qualidade de vida a todas as pessoas que vivem nas cidades?

Jornalismo e militância

A imprensa brasileira acompanhou o agravamento dos problemas ocasionados pela urbanização desenfreada no Brasil nos últimos trinta anos. A edição especial da revista *Realidade* sobre as cidades, publicada em 1972, é um exemplo – talvez o melhor, mas não o único. A questão ecológica já era pauta para alguns veículos de comunicação. O primeiro a se destacar no cenário urbano foi Randau Marques, do *Jornal da Tarde*. Polêmico e talentoso, ele nunca escondeu a proximidade com o movimento ecológico.

"Criei e ajudei a fundar muitas das ONGs que existem hoje", relatou um dos pioneiros do jornalismo ambiental no Seminário sobre População e Meio Ambiente realizado em Brasília pela Federação Nacional dos Jornalistas (Fenaj) de 27 a 30 de novembro de 1989, quase três anos antes da Conferência da ONU sobre Meio Ambiente e Desenvolvimento.

Com base no seminário realizado pela Fenaj, diversos núcleos de ecojornalistas foram estruturados nas principais cidades brasileiras. O mote era a preparação para a maior conferência já realizada pela ONU no pós-guerra, a Rio-92. Nessas articulações, sempre houve uma proximidade entre os repórteres que cobriam o setor e as fontes do movimento ecológico. O próprio Núcleo de Ecojornalistas do Rio Grande do Sul, o único que permanece atuante, surgiu de uma conversa em Porto Alegre entre repórteres e militantes da Associação Gaúcha de Proteção ao Ambiente Natural, a legendária Agapan, que serviu de modelo para toda uma geração de profissionais das mais diversas áreas.

Nos lugares onde as ONGs ambientalistas são mais atuantes e organizadas, o noticiário ambiental tende a ser mais freqüente devido ao trabalho dos ecologistas. No final de 1998, foi criada a Rede Brasileira de Jornalismo Ambiental, uma articulação eletrônica de mais de 270 profissionais especializados ou interessados no tema que atuam nas principais cidades brasileiras em veículos (jornais, revistas, rádios, TVs, internet), assessorias de comunicação, universidades e entidades ligadas à ecologia.

Muitos jornalistas, de norte a sul, são simpatizantes da luta ecológica, apesar de a maioria não admitir publicamente, talvez para não sofrer represálias ou virar motivo de chacota. A meu ver, sobrevive um preconceito contra os temas ecológicos nas redações. O meio ambiente é pauta, mas em geral ocupa espaços periféricos e recebe uma abordagem exótica. As reportagens quase sempre são fruto do interesse e da curiosidade do próprio jornalista. Dificilmente resultam de uma decisão das chefias, pois o *status* editorial ainda não é proporcional ao tamanho da crise ecológica planetária. Talvez pela complexidade dos assuntos e pela ainda incipiente presença do jornalismo ambiental nas faculdades de Comunicação Social.

O tema ambiental vai e vem ao sabor das tragédias. Em 1973, um ano após a publicação da reportagem especial da revista *Realidade* sobre as cidades brasileiras, o país acompanhou pelos jornais o fechamento da fábrica de celulose Borregard, na cidade de Guaíba (RS). O mau cheiro da indústria conseguiu organizar os moradores da vizinha Porto Alegre, em plena ditadura militar, e acabou estruturando o "movimento ecológico gaúcho", fortemente influenciado pelo engenheiro agrônomo José Lutzenberger.

Trinta anos depois, a empresa chama-se Riocell, e quase não exala mau cheiro, graças à utilização de modernos filtros. No entanto, continua alvo da desconfiança dos ambientalistas gaúchos por utilizar derivados de cloro. Mas já não freqüenta as páginas dos jornais, apesar de seu processo industrial ser um potencial gerador de dioxinas (subproduto tóxico formado de maneira não intencional durante o branqueamento da celulose). Esse poluente sequer pode ser medido no Brasil pela falta de laboratórios com a sofisticação necessária para detectar a substância – a dioxina é cancerígena! Tanto que a Convenção da ONU sobre Poluentes Orgânicos Persistentes tratou de regular, reduzir e eliminar a geração das dioxinas, formadas ainda pela queima incompleta em incineradores de lixo, fornos de siderúrgicas e fábricas de cimento.

Também foi na capital gaúcha que aconteceu o primeiro protesto ecopolítico do Brasil, com grande repercussão nacional na imprensa que, vigiada bem de perto pelos militares, procurava boas histórias para driblar os censores. Na manhã de 25 de fevereiro de 1975, o gesto indignado e inédito de um estudante mineiro de agronomia mobilizou Porto Alegre e chamou a atenção do Brasil. Carlos Dayrell subiu em uma árvore que seria abatida para a construção de um viaduto no centro de Porto Alegre. E ali ficou por horas, com cobertura intensa da imprensa local e nacional. O viaduto foi desviado e a árvore existe até hoje. Em 1998, o ativista, que passou a viver em Minas Gerais, voltou ao local do protesto urbano e recebeu o título de Cidadão Honorário de Porto Alegre.

"Se não fosse a imprensa, naquele momento, talvez o pessoal tivesse derrubado a gente. Tinha jornal, TV e rádio lá. O fato foi sendo divulgado e a população foi chegando em volta. Porto Alegre estava vivendo na época um processo de transformação importante. Era uma cidade onde aumentava o número de carros e as ruas precisavam ser ampliadas. Mas havia muita preocupação com a qualidade do ambiente urbano. De certa forma, foi uma reflexão", recorda Carlos Dayrell, que trabalha hoje com agroecologia na cidade de Montes Claros, norte de Minas Gerais.

Direito de saber

Em São Paulo, a imprensa teve um papel crucial na luta contra a poluição de Cubatão, um dos mais graves dramas urbanos já registrados no país, com destaque para o incansável repórter Randau Marques:

"Cubatão foi difícil. Todo mundo considerava aquilo ali algo absolutamente normal. Foi necessário, então, uma ajuda, uma trama bem armada com a Igreja e com a comunidade científica para que a gente começasse a tirar dali, aos poucos, os casos de crianças que nasciam sem cérebro (anencefalia), as deficiências congênitas, os mostrengos que a poluição estava causando, silenciosamente, longe de qualquer divulgação".

Uma emissora de rádio da capital paulista foi, e continua sendo, protagonista da luta ambiental. Em 1990 a Rádio Eldorado iniciou uma campanha pela despoluição do rio Tietê, promovendo um abaixo-assinado que influenciou definitivamente a criação de um dos programas de saneamento financiados pelo Banco Interamericano de Desenvolvimento no Brasil, o Pró-Tietê.

As jornalistas Liana John e Maura Campanili publicaram em 2002 uma série de reportagens na Agência Estado revelando a existência no estado de São Paulo de centenas de locais contaminados por produtos químicos. Os dados foram extraídos a fórceps das autoridades ambientais. Numa das reportagens da série Zonas de Risco, com o título "Secretário promete divulgar lista de áreas contaminadas", a repórter Maura Campanili escreveu:

> Problemas decorrentes da disposição inadequada de produtos tóxicos, no estado de São Paulo, têm sido divulgados, constantemente, sobretudo nos dois últimos anos, quando casos de contaminação do solo, água, vegetação, animais e moradores tiveram bastante repercussão. Responsável pela identificação e pelo monitoramento desse tipo de risco ambiental, a Companhia de Tecnologia em Saneamento Ambiental (Cetesb) trabalha, desde 1993, no levantamento dessas áreas, muitas das quais consideradas "passivos ambientais" de indústrias instaladas numa época em que a legislação não era tão rigorosa. Apesar de antigas, muitas dessas áreas ainda oferecem riscos, já que os produtos são de alta persistência no meio ambiente. A lista oficial atualmente conta com 220 casos confirmados de contaminação, segundo o secretário do Meio Ambiente, José Goldemberg. Mas nunca foi divulgada em sua totalidade, a despeito das constantes e insistentes solicitações da imprensa e de entidades ambientalistas, feitas ao ex-secretário, Ricardo Tripoli. Alegando o risco de pânico na população do entorno desses locais ou de desvalorização dos imóveis, a equipe da Cetesb, ainda responsável pelo levantamento, tem apenas confirmado a contaminação, nos casos que ganham publicidade, por meio de grandes denúncias ou reportagens.

Os jornalistas brasileiros têm, desde junho de 2003, um instrumento novo de trabalho, que ainda não foi usado mas pode facilitar as reportagens investigativas sobre problemas ambientais. É a Lei nº 10.650/03, proposta em 1998 pelo ex-deputado Fábio Feldmann e sancionada em 16 de abril pelo presidente Luiz Inácio Lula da Silva. Ela garante o acesso público aos dados e às informações ambientais. Os órgãos e as entidades da Administração Pública integrantes do Sistema Nacional de Meio Ambiente são obrigados, por lei, a abrir a caixa-preta para os jornalistas.

Qualquer cidadão possui agora respaldo legal para solicitar documentos, expedientes e processos administrativos que tratem de matéria ambiental, bem como todas as informações que estejam sob a guarda dos órgãos ambientais, em meio escrito, visual, sonoro ou eletrônico, sobretudo aquelas relativas à qualidade do ambiente, políticas e planos; programas com potencial de impacto no meio ambiente; resultados de monitoramento e auditoria nos sistemas de controle de poluição e de atividades potencialmente poluidoras; planos e ações de recuperação de áreas degradadas; acidentes, situações de risco ou de emergência ambiental; emissões de efluentes líquidos e gasosos; produção de resíduos sólidos, substâncias tóxicas e perigosas; diversidade biológica e os sempre polêmicos transgênicos (organismos geneticamente modificados).

Essa lei de acesso à informação ambiental dos órgãos públicos é muito importante porque a poluição industrial corre solta nas cidades brasileiras, e não apenas em São Paulo, apesar de ter iniciado nos anos noventa uma lenta mudança nos processos industriais com base na idéia de que poluição é desperdício de matéria-prima, água e energia. Em junho de 2002, o Greenpeace divulgou um levantamento intitulado "Crimes ambientais corporativos no Brasil", no qual pedia aos estados que solicitassem rotineiramente às empresas que publicassem toda e qualquer informação sobre emissões ao meio ambiente ocorridas em suas instalações, bem como sobre a composição de seus produtos.

"O caráter confidencial das informações comerciais não deve sobrepor-se ao interesse público de conhecer os riscos nem às responsabilidades associadas aos resultados de ações corporativas, seja na forma de subprodutos poluentes ou do produto propriamente dito. Assim que o produto entra em domínio público, segredos comerciais não devem ser motivo para restrição de acesso a informações relevantes ao meio ambiente e à saúde. A responsabilidade corporativa deve ser promovida por meio do relato da situação ambiental da empresa, que forneça um relato claro, abrangente e público sobre os impactos ambientais e sociais das atividades corporativas", alertou o Greenpeace.

Há episódios exemplares de jornalismo ambiental na grande imprensa brasileira, desde os anos setenta, mas sempre isolados ou sem continuidade. Em Porto Alegre, considerada um dos berços do movimento ecológico brasileiro e sede da única ONG do país formada por jornalistas especializados em meio ambiente, o Núcleo de Ecojornalistas do Rio Grande do Sul, não existem mais setoristas de meio ambiente. À medida que o profissional vai se especializando, não encontra mais clima no jornalismo diário, pois falta interesse editorial para publicar grandes reportagens e dinheiro, dizem, para remunerar dignamente o trabalho. São raríssimas as exceções. A cobertura ambiental qualificada ainda carece de espaço e tempo nos veículos de comunicação das principais cidades do Brasil. Seja para falar dos problemas que diminuem a qualidade de vida nas zonas urbanas, seja para mostrar as alternativas ecológicas que já existem e têm capacidade de mudar o modo como as pessoas compreendem e se relacionam com o ambiente em que vivem.

Cidade versus natureza

A pesquisa nacional de opinião acerca do que o brasileiro pensa sobre meio ambiente, realizada pelo Instituto de Estudos da Religião (Iser), revelou em suas três edições – 1992[2], 1997[3] e 2002[4] – que a maioria das pessoas ainda não reconhece o meio ambiente nas cidades. Na última edição do trabalho, mais da metade dos entrevistados sequer foi capaz de identificar problemas ambientais no bairro onde moram. Esse

---

2. "O que o brasileiro pensa da ecologia", pesquisa realizada de dezembro de 1991 a maio de 1992; divulgada em 1992.
3. "O que o brasileiro pensa sobre meio ambiente, desenvolvimento e sustentabilidade", realizada em janeiro e fevereiro de 1997; divulgada no mesmo ano.
4. "O que o brasileiro pensa do meio ambiente e do consumo sustentável", coleta de dados concluída em outubro de 2001; divulgada em 2002.

resultado não surpreende, infelizmente. Nos noticiários, todos os dias a noção de que a natureza está fora – e de preferência bem longe – da gente reaparece.

A chuva é sempre acusada de deixar desabrigados, causar engarrafamentos e até matar. Ninguém se lembra dela quando um novo loteamento estapafúrdio é aprovado por burocratas municipais aumentando ainda mais a "panela" urbana, nem quando os projetos ignoram completamente o curso original dos rios, lagos e banhados. Os editores lembram-se do lixo se o aterro sanitário, quando existe, esgotou sua capacidade. Mas nunca se lembram de propor reportagens interpretativas, de fôlego, sobre o padrão de consumo nas grandes cidades.

O resultado da pesquisa do Iser é um escândalo nacional. O meio ambiente é sinônimo de fauna e flora, bicho e mato. Mais da metade acha que os seres humanos (homens e mulheres), os índios, as favelas e as cidades não fazem parte da natureza. Por isso queimada na Amazônia ou vazamento da Petrobras é manchete. Nada mais "coerente". O problema é que a notícia, na maioria dos casos, não explica que amanhã a molécula da água do rio contaminado vai fazer parte do corpo humano. E raramente relaciona a destruição da floresta tropical com a mudança do clima no Centro-Sul. Parece sempre que o problema é do vizinho, do prefeito, do ecologista, do técnico, do empresário. Ou, parafraseando Jean Paul Sartre, "o inferno são os outros". Dificilmente percebemos, após assistir, ouvir ou ler um noticiário, que também temos responsabilidade social e ambiental pelo que está acontecendo. Sim, o inferno somos nós! Nós todos!

Durante a II Conferência da ONU sobre Assentamentos Humanos, realizada em Istambul (Turquia) em junho de 1996, pela primeira vez ficou claro no âmbito das Nações Unidas o papel protagonista dos municípios no desenvolvimento sustentável. Se por um lado o brasileiro não reconhece a natureza nas cidades, por outro já é capaz de identificar no poder local os responsáveis pela preservação do meio ambiente, como revelou a pesquisa publicada pelo Iser em 2002. É localmente que os problemas ambientais são sentidos. Portanto, é nas cidades que eles, em sua maior parte, devem ser resolvidos. Essa noção local é um grande avanço. Um desafio para os jornalistas a partir de agora é mostrar a responsabilidade de cada um, e não transferir o problema apenas para as "autoridades (in)competentes".

A urbanização desordenada tem provocado a impermeabilização dos solos e a conseqüente redução da infiltração da água das chuvas. As cidades tornam-se cada vez mais gigantescas panelas onde as enchentes e os alagamentos viram rotina. As margens dos rios estão mais e mais ocupadas, destruindo a mata ciliar, que tem a função de segurar a água da chuva. Some-se a isso a destruição das áreas verdes, criando enormes estufas urbanas.

Um dos resultados trágicos desse padrão de desenvolvimento é a disseminação de epidemias como a dengue, a meningite e a febre amarela, e de outras doenças como a leptospirose, devido às águas contaminadas que escorrem para o interior de bairros com moradia precária. Segundo a Organização Mundial da Saúde (OMS), 65% das doenças no Brasil são causadas pela falta de saneamento ambiental nas cidades, que, ao receber um real de investimento, economiza quatro reais em saúde pública em dez anos.

Como os problemas estão todos relacionados, a OMS utiliza o conceito de saneamento ambiental que integra as cinco funções básicas da administração pública: captação, tratamento, abastecimento e distribuição de água; eliminação e tratamento das águas servidas (esgotos); coleta, pré-tratamento, tratamento e destinação final de resíduos sólidos; drenagem pluvial urbana e controle de vetores de doenças.

Dados do Ministério das Cidades revelam que sessenta milhões de brasileiros ainda não dispõem de coleta de esgoto, principalmente nos bolsões de pobreza das grandes cidades. Muitos têm coleta sem tratamento. Quase 75% de todo o esgoto sanitário coletado é despejado *in natura* nos rios. Esse despejo gera um fenômeno chamado *eutroficação*. Com o lançamento de nutrientes (matéria orgânica) na água, há um crescimento excessivo de algas e plantas aquáticas que reduz a quantidade de oxigênio e muitas vezes causa a mortandade de peixes.

Entre os 60 milhões que não contam com coleta de esgoto, um grupo de 15 milhões também não recebe água encanada. Além disso, 16 milhões de brasileiros não são atendidos pelo serviço de coleta de lixo. Nos grandes e médios municípios, o sistema convencional de coleta ainda não atende adequadamente os moradores das favelas, das ocupações e dos bairros populares. Em 64% das cidades o lixo coletado é depositado nos lixões a céu aberto. Em muitos municípios pequenos não há um serviço organizado de limpeza pública.

Os jornalistas devem discutir mais todos os problemas ambientais urbanos do ponto de vista das políticas públicas. Não basta descrever a crise gerando pânico e medo. É preciso continuar a pauta, manter no noticiário o debate indo além do alarme, ajudando a encontrar as saídas. Uma frase de Thiago de Mello, poeta educado em Manaus, é sempre citada pela ministra do Meio Ambiente, Marina Silva: "Não tenho um caminho novo. O que tenho de novo é um jeito de caminhar".

Este é o compromisso do jornalismo ambiental: mostrar que uma nova postura diante das cidades é possível.

Iceberg de contradições

A maioria das reportagens sobre problemas ambientais urbanos mostra a imagem de um lixão a céu aberto, ou despejos de esgoto *in natura* em algum rio ou lago. Junto, os engarrafamentos. Estas são as pontas de um enorme *iceberg* de contradições. As metrópoles, que garantem a vida, o conforto, o lazer, a cultura, o ensino e o emprego, são as mesmas que produzem exclusão social, desespero, degradação, insanidade e morte.

As matérias sobre saneamento, por exemplo, pecam geralmente pelo desconhecimento técnico. É comum a confusão entre a capacidade de uma estação de tratamento e o volume de esgoto tratado de fato. Muitos sistemas instalados no país, por deficiência do projeto, não preveem a ligação das residências aos encanamentos. Também não há um trabalho permanente de educação ambiental para ensinar a importância e a correta manutenção da rede.

O resultado são estações de tratamento de esgotos caríssimas e sem efetividade ambiental, ou seja, que não melhoram as condições dos rios, que continuam recebendo cargas gigantescas de matéria orgânica. A pergunta-chave, raramente feita, é a seguinte: qual o retorno do investimento para a comunidade? Essa pergunta fica sempre sem resposta. As ações de educação ambiental mudaram mesmo o comportamento das pessoas ou serviram apenas para *marketing* ecológico?

Em grandes jornais e revistas, em TVs e rádios e mesmo na Internet, se o assunto é lixo a superficialidade impera. O repórter dificilmente consegue mostrar que o aterro esgotado que também acaba contaminando os rios tem ligação direta com o padrão de consumo exagerado imposto pelo mercado e pelos próprios veículos de comunicação que informam apenas sobre o problema do momento. As autoridades nunca são questionadas a respeito de políticas de regulação da produção porque a ordem é sempre vender, vender e vender.

O desejo geral é viver intensamente a civilização da luxúria, do descartável, do consumo sem limites, da vida sem regras. A frugalidade é uma palavra maldita em nossas cidades. Parece haver um pacto do silêncio tácito para que as pessoas nunca parem para pensar sobre o que realmente as satisfaz ou as deixa felizes. O que de fato é preciso ter para viver bem? Essa é a pergunta que não pode ser feita nos eufóricos mercados de concreto. E viva a reciclagem!

Na superfície do problema, os números que aparecem assustam tanto que até imobilizam, desviam o olhar da maioria que prefere continuar empurrando o lixo de nossa civilização para debaixo do tapete da modernidade tecnológica. O mais avançado comportamento transmitido é a separação dos resíduos em casa para que retornem novos aos templos de consumo, de preferência com um selo verde para acalmar as consciências mais preocupadas, embora ainda ávidas por consumir tudo que encontrarem pela frente.

Em nome de uma equação utilitarista que calcula o melhor custo-benefício para o mercado, poucos ousam lembrar que a reciclagem não é uma solução mágica e quase a transformam em uma espécie de religião. Ela não destrói os resíduos tóxicos e também gasta energia e água. Além disso, a maioria dos materiais não pode ser reciclada eternamente sem perda de qualidade. Reutilizá-los ainda é a melhor solução, mas não substitui de forma alguma a necessária revisão dos hábitos de consumo.

Ar nosso que estais no céu

A poluição do ar matou 3 milhões de pessoas em todo o mundo em 2000. No mesmo ano, morreram 2,7 milhões por AIDS e 2,2 milhões por doenças diarréicas, segundo relatório da Organização Mundial da Saúde. De acordo com a OMS, do total de 56 milhões de pessoas que morreram em 2000 por diversas causas, 30% tinham menos de quinze anos. Esse percentual de vítimas jovens sobe para 67% quando o motivo do óbito é a poluição atmosférica.

O primeiro grande alerta mundial sobre os efeitos nocivos da poluição do ar surgiu em Londres em 1952, quando mais de quatro mil pessoas morreram em apenas uma semana. Naquela época o carvão era queimado à revelia nas indústrias e nas residências. O fato deu origem às primeiras legislações de controle de emissão de poluentes nas cidades. Os índices de poluição não são mais os mesmos, mas ainda preocupam e matam.

Os padrões de emissão começaram a surgir na Inglaterra (1956), nos Estados Unidos (1963) e no Brasil só em 1976, com a criação da Cetesb. Em 1986, teve início o Programa Brasileiro de Controle da Poluição por Veículos Automotores e em junho de 1990 o Conselho Nacional do Meio Ambiente editou a Resolução nº 3 com os padrões brasileiros de qualidade do ar.

Os edifícios também ficaram doentes. Os escritórios são contaminados pelo ar-condicionado com fungos e bactérias, sem falar nas tintas e outras substâncias químicas que provocam sintomas como rinite, dor de cabeça e náusea. O ozônio, que na estratosfera filtra os raios ultravioleta do Sol, nas avenidas movimentadas transforma-se no poderoso poluente veicular secundário formado na presença da luz solar (fotoquímico), causando irritação, doenças respiratórias e oftálmicas.

As crianças e os idosos são sempre os mais afetados pela poluição do ar, assim como os moradores de regiões mais pobres. De acordo com a pesquisadora Helena Ribeiro, do Departamento de Saúde Ambiental da Faculdade de Saúde Pública da Universidade de São Paulo, uma série de problemas de saúde pode ser ocasionada pela poluição atmosférica: oftálmicos, dermatológicos, gastrointestinais, cardiovasculares, pulmonares e certos tipos de câncer. Alguns efeitos sobre o sistema nervoso também já foram detectados após exposição a altos níveis de monóxido de carbono no ar. Efeitos indiretos podem ser apontados em decorrência de alterações climáticas provocadas pelos gases poluentes. O aumento na temperatura do ar altera a distribuição da flora e da fauna e acaba influenciando a distribuição de doenças transmitidas por vetores.

As crianças são as mais afetadas porque são mais ativas. Como o metabolismo delas é mais rápido, elas acabam inalando maior número de poluentes. Os idosos são outra população de risco. Mesmo em episódios não muito críticos de poluição do ar, com um aumento pequeno nos poluentes, ocorre maior mortalidade de idosos nesses dias. Estudos realizados de maio de 1990 a abril de 1991, na Universidade de São Paulo (USP) pelo professor Paulo Saldiva e colaboradores, demonstraram que para cada aumento de cem microgramas por m^3 de material particulado no ar havia também um acréscimo de 8,17 mortes na população com mais de 65 anos.

No final da década de 1980, a pesquisadora Helena Ribeiro selecionou três áreas na capital paulista com diferentes níveis de poluição. No bairro do Tatuapé, a região mais poluída, havia incidências mais altas de doenças respiratórias. Em 1998, o estudo foi refeito. No Tatuapé, a poluição diminuiu muito, assim como os sintomas de doenças respiratórias. Mas a curva de mortalidade de idosos ainda é bem mais alta que nos outros bairros. As pessoas que estiveram expostas aos poluentes na idade adulta continuam morrendo por enfisema.

"Um grande número de questões permanece, enquanto expressivos contingentes populacionais continuam expostos a níveis de poluição que causam efeitos adversos à saúde. Além disso, há dúvidas se os padrões de qualidade do ar estabelecidos realmente são eficazes na proteção da saúde pública, ou se eles são eficazes somente para as pessoas saudáveis", advertiu Helena Ribeiro em trabalho elaborado para o III Congresso Interamericano de Qualidade do Ar, realizado de 23 a 25 de julho de 2003 em Canoas (RS).

Em dias de grande contaminação do ar, as pessoas também morrem por problemas cardiovasculares. O idoso ou o cardíaco tem o coração sobrecarregado pela poluição. Para inalar a mesma quantidade de oxigênio é preciso um esforço maior, o que pode levar a uma parada cardíaca. Nos períodos críticos, os jornais, as rádios e as TVs mostram o problema. O automóvel até aparece como vilão. Mas os jornalistas ainda não conseguem relacionar a máquina com o comportamento individual do motorista.

As pessoas dificilmente se dão conta de que um carro desregulado aumenta o problema, de que dar carona ou optar pelo transporte coletivo são decisões pessoais que reduzem a poluição do ar. Ônibus, metrôs e ciclovias de qualidade são responsabilidades do poder público. Mas a decisão de usar esses serviços é de cada um. Reportagens positivas, mostrando que é possível uma mudança de comportamento nas cidades, relatando histórias pessoais, podem apontar caminhos interessantes. Assim como textos interpretativos sobre políticas (ou falta de políticas) urbanas são fundamentais para cobrar ações dos governos.

Engajamento ou renúncia?

Uma experiência inédita no Brasil foi adotada na maior cidade do país nos períodos de inverno de 1995 a 1998. Houve um escalonamento de placas, deixando os veículos de dois finais diferentes sem circular em cada dia da semana. No primeiro ano, apenas na capital paulista, e depois nos municípios da Grande São Paulo. A medida gerou uma enorme polêmica na imprensa paulistana. Por solicitação da Secretaria de Meio Ambiente do Estado de São Paulo, a pesquisadora e professora de Comunicação Social Cremilda Medina, da Universidade de São Paulo, investigou a cobertura jornalística da Operação Rodízio em 1997 e concluiu que assuntos de fundo, que poderiam ter sido mais bem abordados, ficaram simplesmente de fora da maioria das reportagens.

A angulação dada à operação mostra, quantitativamente, a predominância do duelo governo *versus* imprensa e telejornalismo. Assuntos da maior significação como ambientalismo, saúde, regulações e auto-regulações sociais, urbanismo, economia, perdem de longe para a obsessão dos caça-aproveitadores da política partidária. O contexto maior de uma cidade, inspirador de comportamentos e símbolos, se reduz drasticamente à cultura do automóvel e às dinâmicas solidárias se traduzem em um único valor, o individualismo predatório. Os políticos nunca priorizaram o transporte público, só pensam em ações eleitoreiras, e os indivíduos não manifestam nenhuma vocação de cidadania: eis as chaves das mentalidades que regem o processo produtivo de significados no paradigma jornalístico hegemônico (Cremilda Medina no livro *Símbolos e narrativas*, editado em 1998 pelo governo do Estado de São Paulo).

O chefe de reportagem do *Diário de S.Paulo*, Eduardo Vallim, ouviu uma entrevista do patologista Paulo Saldiva, da Universidade de São Paulo, na Rádio CBN, e resolveu fazer uma entrevista com o especialista do Laboratório de Poluição Atmosférica da USP. A reportagem, estilo pergunta e resposta, foi publicada em uma página inteira da edição dominical de 7 de setembro de 2003. "A poluição tira de dois a três anos da vida de quem mora aqui. Por dia, morrem na cidade de 15 a 20 pessoas por causa dos efeitos da poluição. Geralmente, quase todos são idosos e crianças. Isso sem contar os internados. Acabamos banalizando os riscos. Em dias de ar seco e poluído, há um aumento de internações da ordem de 30% a 35% de doenças pulmonares e do coração", disse Saldiva ao jornalista do *Diário de S.Paulo*.

A entrevista é oportuna e explicativa, apesar do risco de passar uma idéia de resignação para os leitores paulistanos. Se até o especialista diz que mora na cidade e a ama, mesmo sabendo que terá menos três anos de vida graças à poluição, então é porque o problema não deve ter solução. Segundo o *Diário*, o médico consciente faz sua parte indo de bicicleta para o trabalho para não usar o carro, principal responsável pela poluição do ar.

A imprensa cumpre sem problema seu papel de informar, embora costume assustar a população. Mas, diante da crise ecológica, a imprensa também precisa assumir a responsabilidade de educar e transformar. O jornalismo ambiental não pode ser apenas informativo, tem de estar engajado em um modelo de vida sustentável do ponto de vista ecológico e social.

"A imprensa tem um papel fundamental em informar e educar a população sobre temas de interesse público, como questões socioambientais. Por um lado tem o papel de investigar e divulgar fatos da forma mais esclarecedora e transparente possível, para que saibamos e possamos moldar nosso comportamento e nossas opiniões sobre o que é certo e errado. Por outro lado, a imprensa deve educar as pessoas, e prepará-las para entender determinados assuntos para que possam fazer as suas escolhas de forma mais independente", opina o pesquisador José Antônio Puppim de Oliveira, do Massachusetts Institute of Technology (MIT), da Fundação Getúlio Vargas (FGV) e um dos organizadores do livro *Meio ambiente Brasil: avanços e obstáculos pós-Rio-92*, publicado em 2002 pela Editora Estação Liberdade e pelo Instituto Socioambiental.

O jornalismo, no contexto urbano, é uma ferramenta de educação ambiental. Os veículos de comunicação devem fazer campanhas públicas, informar sobre novos estilos de vida, abrir espaço para idéias alternativas, cobrar soluções criativas do poder público. Também é função da imprensa melhorar a qualidade de vida nas cidades. Não se trata de substituir livros didáticos por reportagens de jornais, nem transformar as páginas dos diários em apostilas escolares. Eles são complementares. "O livro didático e os jornais são veículos com papéis distintos na educação ambiental. A imprensa diária pode e deve ser educativa ao tratar do meio ambiente. Os jornais devem usar seu poder de atualização para transmitir os avanços do conhecimento científico", reconhece a ex-editora de Ciência e Meio Ambiente da Agência Estado, Liana John, no artigo "A imprensa especializada: um papel ainda incerto na educação ambiental", incluído na coletânea *Avaliando a educação ambiental no Brasil: materiais impressos*, publicada em 1996, em São Paulo, pela Editora Gaia.

Essa relação direta entre a educação ambiental e o jornalismo aparece na legislação brasileira. A Lei nº 9.795, de 27 de abril de 1999, que instituiu a Política Nacional de Educação Ambiental, define como um dos objetivos fundamentais da educação ambiental a garantia da democratização das informações ambientais (artigo 5º, inciso II).

Automóveis, sobretudo

Os mais de 33,7 milhões de veículos automotores respondem por cerca de 70% da poluição do ar nas cidades brasileiras. Os principais gases emitidos são os óxidos de nitrogênio, o monóxido de carbono, as partículas em suspensão e o chumbo. Esses poluentes reagem entre si formando outras substâncias tóxicas. Em contato com a radiação solar, os óxidos de nitrogênio – óxido nítrico (NO) e dióxido de nitrogênio (NO_2) – formam ozônio, considerado um dos piores poluentes fotoquímicos nas regiões urbanas com trânsito intenso.

O uso do automóvel tem índices de primeiro mundo em muitas cidades brasileiras. De 1996 a 2000, a média das 27 capitais do Brasil foi de 3,14 habitantes/veículo. Na Suécia, onde os veículos a motor são o segundo produto de exportação, perdendo apenas para os produtos florestais, a média em 1997 foi de 2,4 habitantes/veículo. Entre os municípios com mais carros estão São Paulo, com 2,07; Goiânia, com 2,14;

e Porto Alegre, com 2,23 habitantes/veículo, segundo dados do Anuário Estatístico da Empresa Brasileira de Planejamento e Transportes. Todas as três cidades com mais habitantes por veículo estão no Norte: Belém (8,18), Macapá (8,12) e Manaus (7,69).

A pesquisa "O que o brasileiro pensa do meio ambiente e do consumo sustentável", divulgada em 2002, mostrou que 51% dos entrevistados declararam não ter procurado diminuir o uso do automóvel nos últimos doze meses. Em relação a 1997, houve um aumento de 25% para 29% entre as pessoas que disseram ter o costume de dirigir. Mas evoluiu significativamente o número dos que se manifestaram dispostos a agir de modo a diminuir o impacto causado pelo uso do automóvel. "As cidades, que hoje são feitas para os automóveis, precisam ser planejadas para as pessoas", observou Lester Brown, fundador do Earth Policy Institute, no livro *Eco-Economia*, publicado em 2003.

Um rápido passeio pelas ruas de Brasília é suficiente para entender o que Lester Brown quer dizer com cidade feita para automóveis. A capital brasileira poderia ser cortada por ciclovias bem planejadas. Mesmo em Porto Alegre, ondulada por morros, a bicicleta teria espaço para rodar como meio de transporte e não somente para o lazer. Faltam políticas públicas para incentivar alternativas reais aos automóveis, como pistas especiais para bicicletas, estacionamentos e até chuveiros nos locais de trabalho. Uma boa pedalada diária para o escritório, além de reduzir o problema da poluição, diminuiria a incidência de doenças cardiovasculares ao combater o sedentarismo.

Mobilidade viável

Uma nova atitude começa a surgir nas ruas e avenidas brasileiras. O Instituto da Mobilidade Sustentável – Ruaviva, uma ONG criada em 1999 em Belo Horizonte, está promovendo uma campanha nacional para chamar a atenção da população e das autoridades. A Jornada Anual Na Cidade Sem Meu Carro surgiu em 2000 em metrópoles européias e foi trazida para o Brasil em 2001.

A atividade necessita do engajamento institucional de cada prefeitura envolvida, que delimita um perímetro de proteção dos automóveis, geralmente a área central ou outra de importância para o tráfego. Nesse perímetro, no dia 22 de setembro, só circulam veículos dos serviços essenciais, ônibus, bicicletas, táxis e pedestres. Eventos são realizados para ressaltar os problemas causados pelo modelo de mobilidade centrado no automóvel.

A idéia é despertar nos cidadãos a consciência sobre o uso racional e solidário do automóvel para combater a poluição e reduzir os gastos públicos, estimular o uso do transporte coletivo e o desenvolvimento de novas tecnologias, informar a respeito de alternativas de mobilidade sustentável no planejamento urbano e no uso de combustíveis renováveis e não poluentes, e incentivar o transporte a pé e de bicicleta.

O problema da mobilidade nos grandes centros urbanos foi o tema principal do Seminário Nacional Transporte Público para Inclusão Social, realizado em 21 de agosto de 2003 em Brasília. O presidente da Associação Nacional das Empresas de Transportes Urbanos (NTU), Otávio Vieira da Cunha Filho, ressaltou na abertura do evento que há uma grande exclusão social nas classes D e E, famílias com renda de até três salários mínimos. São 55 milhões de pessoas que estão deixando de andar de ônibus nos grandes centros urbanos.

O setor de transporte público está experimentando uma crise sem precedentes devido ao alto custo dos serviços, ao baixo poder aquisitivo da população e à proliferação do transporte ilegal. A velocidade média é de 14 km/h; contudo, segundo a NTU, poderia ser de 22 km/h, o que reduziria substancialmente o custo, possibilitando a diminuição do preço da passagem paga pelo usuário e a melhoria da qualidade do serviço oferecido à população.

Estimativas de setembro de 2002 da Associação Nacional de Transportes Públicos revelam que há duzentos milhões de deslocamentos diários nas cidades brasileiras, metade correspondendo a viagens a pé ou feitas por bicicletas. Das viagens motorizadas, 60% são feitas por transporte público. O ônibus é o principal veículo (94%), depois vêm os trens e metrôs (5%) e as barcas. O problema é que 39% dos deslocamentos motorizados são realizados por automóveis e uma parcela significativa da população está abandonando o transporte coletivo. Além disso, os carros são responsáveis por 70% das emissões e pelos congestionamentos que muitas vezes imobilizam a população.

O Brasil tem uma das maiores frotas de transporte coletivo do mundo, com 115 mil ônibus, 2.500 vagões de metrô e trens urbanos. No entanto, nas oito maiores capitais, o número de passageiros de ônibus diminuiu 25% entre 1994 e 2001. Apesar da crise e da baixa qualidade da maioria, os sistemas regulares de transporte público estão presentes nos 920 municípios brasileiros com mais de trinta mil habitantes, disponível para 122 milhões de pessoas.

A questão é de escala. As previsões apontam para um crescimento de 28 milhões de habitantes nas cidades nos próximos dez anos. Se essa previsão se revelar correta, serão mais quarenta milhões de deslocamentos diários. Se o modelo de transporte for o carro, a crise será total. Esse quadro exige o planejamento conjunto do transporte, trânsito e uso do solo, com o Plano Diretor, o que começou a ser feito em Curitiba nos anos setenta.

O exemplo da capital do Paraná é reconhecido mundialmente. O entusiasmado urbanista Jaime Lerner chegou a demonstrar um dos ônibus biarticulados em Istambul durante a Habitat II. Estava presente, na época, o então prefeito de Curitiba, Rafael Greca. O enorme veículo de duas sanfonas atravessou o Atlântico dentro de um avião cargueiro russo. Jornalistas de diferentes partes do planeta que cobriam a Conferência da ONU sobre Assentamentos Humanos passearam pela antiga Constantinopla a bordo do cartão-postal de Curitiba, que cruzou dezenas de vezes o Estreito de Bósforo.

Tanto interesse não é à toa. O sistema de transporte coletivo curitibano começou a ser implantado em 1974, integrado ao sistema viário e ao uso do solo, como determinava o planejamento proposto pelo Plano Diretor. Foram realizadas melhorias constantes até a adoção dos ônibus Ligeirinhos em 1991, com o início do embarque e desembarque nas estações-tubo e pagamento antecipado da tarifa, uma espécie de metrô de superfície. Um ano depois os biarticulados, com capacidade para 270 passageiros, entraram em funcionamento em linhas expressas.

Gestão democrática

Outra prática citada pela ONU com freqüência como exemplo mundial é o Orçamento Participativo, popularizado pela primeira administração petista de Porto Alegre, iniciada em 1989 pelo então prefeito Olívio Dutra. Historicamente, as obras de saneamento são apontadas entre as prioridades que devem receber investimentos.

O processo de discussão pública do orçamento municipal implantado na capital gaúcha é reconhecido como um dos mais inovadores métodos de gestão democrática no Relatório do Desenvolvimento Humano publicado pela ONU em 2003. A experiência foi replicada em mais de cem municípios, entre eles Saint-Denis (França), Rosário (Argentina), Montevidéu (Uruguai), Barcelona (Espanha), Toronto (Canadá), Bruxelas (Bélgica), Belém (Pará), Santo André (SP), Aracaju (Sergipe), Blumenau (SC) e Belo Horizonte (MG).

O novo Estatuto da Cidade explicita em vários pontos a necessidade da gestão democrática. O Capítulo IV é integralmente dedicado à sua garantia, prevendo instrumentos como os conselhos de política urbana, os debates, a audiência e a consulta públicas, as conferências de desenvolvimento urbano, a iniciativa popular de projetos de leis e planos. O sentido de todos esses instrumentos é ampliar a base de conhecimento, planejamento e sustentação da política urbana, que assim deve deixar de ser um assunto de especialistas. Contudo, para que isso ocorra e a lei saia de fato do papel, são fundamentais a participação e o engajamento dos veículos de comunicação social na pauta urbana, com reportagens sobre os grandes temas em debate nas cidades. Não se trata de fazer intriga ideológica entre opositores e entusiastas do Orçamento Participativo, mas de aproveitar a oportunidade do engajamento social e discutir os grandes temas urbanos que afetam todos nós.

A aprovação da Lei nº 10.257, de 10 de julho de 2001, é um grande avanço. O Estatuto da Cidade regulamenta disposições da Constituição de 1988, que tem um capítulo específico sobre a política urbana. A primeira diretriz geral da nova lei é a garantia do direito a cidades sustentáveis, entendido como o direito à terra urbana, à moradia, ao saneamento ambiental, à infra-estrutura urbana, ao transporte e aos serviços públicos, ao trabalho e ao lazer, para as presentes e as futuras gerações. A lei ainda estabelece como diretriz a ordenação e o controle do uso do solo de forma a evitar, entre outros males, a deterioração das áreas urbanizadas, a poluição e a degradação do meio ambiente.

Biofilia

Quanto mais carros, poluição e concreto, e menos ambientes saudáveis nas cidades, pior o humor das pessoas. O naturalista Edward O. Wilson, da Universidade de Harvard, foi um dos cientistas que formularam a hipótese da biofilia, mostrando a afinidade humana com as outras espécies. Segundo sua tese, os que são privados do contato com a natureza sofrem psicologicamente, diminuindo seu bem-estar. Por coincidência ou não, as formigas são a especialidade de Wilson. A vida nas cidades, enormes "formigueiros", fica mais difícil quanto menor é o contato com a natureza. Essa é uma das razões da fama de cidades arborizadas e mais "ecológicas" como Curitiba e Porto Alegre.

Não nascemos para viver entre o concreto, inalando gás carbônico e oxidando os pulmões com ozônio fotoquímico. Temos uma afetividade emocional inata em relação às demais espécies vivas. Esse sentimento explica o fascínio das crianças urbanas durante visitas a zoológicos ou feiras agropecuárias. Nosso cérebro evoluiu em um mundo mais biocêntrico do que tecnológico. Os últimos dois séculos foram insuficientes para alterar significativamente a espécie humana nesse ponto. Na verdade, vivemos em selvas urbanas com a carga genética desenvolvida na natureza, e não em megalópoles.

A falta de planejamento urbano afasta cada vez mais o ser humano da natureza, piorando a qualidade de vida nas metrópoles. O Atlas Ambiental do Município de São Paulo mostra que de 1991 a 2000 a maior cidade brasileira perdeu um quinto de sua vegetação. Na última década, loteamentos clandestinos e favelas tomaram conta de 53,6 km^2 da área verde na periferia das regiões Leste, Norte e Sul. Restou apenas 13% de vegetação intacta, principalmente nos 32 parques municipais e sete estaduais onde vivem quase 900 espécies de plantas e 312 de animais.

Qualidade de vida é...

É difícil uma definição confiável de qualidade de vida para cidades que escape das armadilhas do *marketing* político. Pelo menos seis fatores devem ser levados em consideração: qualidade do ar, qualidade da água, densidade populacional, níveis de ruído, manejo do lixo e disponibilidade de áreas verdes. A falta de indicadores e de critérios de sustentabilidade dificulta a cobertura jornalística das pautas urbanas, assim como a própria gestão pública dos programas e projetos.

Está sendo montado no país o Observatório Brasil exatamente para monitorar os indicadores de desenvolvimento sustentável e qualidade de vida. Novos instrumentos são necessários para a geração e a gestão da informação ambiental, com metodologias capazes de compreender a complexidade da cena ambiental. O grande desafio é organizar os dados e transformar a informação em participação.

O Programa das Nações Unidas para o Desenvolvimento (PNUD), o Instituto de Pesquisa Econômica Aplicada (IPEA) e a Fundação João Pinheiro, de Minas Gerais, elaboraram o Índice de Desenvolvimento Humano Municipal para os municípios brasileiros. O IDH-M é calculado com base nos indicadores de educação (alfabetização e taxa de freqüência escolar), longevidade e renda da população.

De acordo com os organizadores da pesquisa, para uma avaliação da dimensão longevidade, o IDH municipal considera o mesmo indicador do IDH de países: a esperança de vida ao nascer. Esse indicador mostra o número médio de anos que uma pessoa nascida naquela localidade no ano de referência (no caso, 2000) deve viver. O indicador de longevidade sintetiza as condições de saúde e salubridade daquele local uma vez que, quanto mais mortes houver nas faixas etárias mais precoces, menor será a expectativa de vida observada no local.

Das cem localidades com o IDH-M mais alto, apenas quatro não estão localizados nas regiões Sul e Sudeste: o arquipélago de Fernando de Noronha (único representante nordestino entre os "top 100") e a capital federal, Brasília. As outras duas cidades são fronteiras agrícolas do Centro-Oeste: Campos de Júlio (MT) e Chapadão do Céu (GO). Mas na outra ponta do *ranking*, divulgado no final de dezembro de 2002, os cem municípios com menor IDH estão todos localizados nas regiões Nordeste e Norte.

O melhor colocado no *ranking* do IDH-M é São Caetano do Sul, no ABC paulista. A cidade de 140 mil habitantes tem um nível de desenvolvimento humano equivalente ao da Nova Zelândia e também ostenta a primeira colocação na dimensão longevidade, com uma esperança de vida ao nascer de 78,2 anos. No último lugar está Manari, localizada no sertão pernambucano. Seus moradores sofrem com a mais baixa renda *per capita* média do país (R$ 30,43). A cidade brasileira com menor expectativa de vida ao nascer é Centro do Guilherme, no Maranhão. Com uma vida média de 55,7 anos, semelhante à Benin, na África.

Soluções à vista

Novas maneiras de resolver problemas antigos estão surgindo. Na Suécia, fabricantes de louças sanitárias produzem toaletes ecológicos inspirados na própria natureza. O centro do vaso de porcelana é dividido em duas partes, a da frente, para urinar; e a de trás, para defecar. O professor Jan-Olof Drangert, da Universidade de Linkoping, chama a atenção para o fato de que o padrão sanitário convencional que predomina na maioria das cidades acaba fazendo o mesmo que as aves, o único animal que excreta urina e fezes juntas, inviabilizando sua reutilização.

Essa divisão garante a captação dos resíduos em galões ou tanques separados. A primeira vantagem mais evidente é a redução drástica do cheiro. A urina humana, rica em nutrientes (nitrogênio, fósforo e potássio), é misturada com água para regar os gramados no final da tarde. Com as fezes são feitos compostos que se transformam em adubo orgânico para as plantas. Calcula-se que diariamente o corpo humano perca cerca de 1,85 litro de água: 1,7 pela urina, 0,15 pelas fezes e 0,1 pela transpiração e respiração.

Essa solução de saneamento ecológico, desenvolvida na década de 1990 na Suécia, ainda é totalmente desconhecida no Brasil. A mais recente inovação brasileira em louças sanitárias são os vasos com dois tanques de descarga, de dois litros (só para urina) e de seis litros. Também não existem no país prédios ecológicos, comuns hoje em cidades européias. Os pesquisadores e as autoridades brasileiras continuam bastante preocupados com os edifícios doentes, e ainda deverá demorar mais alguns anos até que comecem a aparecer na paisagem urbana as construções saudáveis.

Um protótipo de habitação popular foi desenvolvido pelo Núcleo Orientado à Inovação na Edificação da Escola de Engenharia da Universidade Federal do Rio Grande do Sul (UFRGS). Com 46m², dois quartos, uma sala-cozinha, um banheiro e uma área de serviço, a casa foi planejada dentro de padrões que primam pelo baixo impacto ambiental e tem qualidade significativamente superior à encontrada em habitações populares. O projeto, coordenado pelo pesquisador Miguel Aloysio Sattler, foi desenvolvido para sistemas de autoconstrução com a participação da comunidade, barateando o custo por meio do envolvimento dos próprios moradores. O material escolhido foi a cerâmica vermelha, considerada de baixo impacto na região.

Nesse protótipo, construído no campus do Vale da UFRGS, junto ao Laboratório de Energia Solar, a água da chuva é coletada em uma calha para dar descarga no vaso sanitário, evitando o ato insano de usar água tratada e potável para mandar embora a urina e as fezes. A água residual passa por um digestor e um filtro no pátio da residência. O efluente filtrado pode ser usado na produção de alimentos. Se esse tratamento local de esgotos fosse popularizado, as grandes estações dariam lugar a unidades compactas que atenderiam comunidades menores. Alternativas desse tipo, de menor impacto, já estão sendo exigidas até mesmo pelo Banco Interamericano de Desenvolvimento, um dos grandes financiadores dos programas de saneamento no Brasil.

Na zona sul de Porto Alegre, no bairro de Vila Nova, está sendo construído um vilarejo ecológico para a classe média. Depois de quase uma década de planejamento, o projeto, tocado por uma cooperativa de trabalhadores ecologicamente conscientes, está saindo do papel. São conjuntos habitacionais construídos de forma coletiva que utilizam fontes naturais de energia. A Ecoovila 1 reúne pessoas das mais variadas profissões tais como fotógrafos, agrônomos, médicos, engenheiros, professores, dentistas e ecologistas.

Residências que podem gerar a própria eletricidade e captar a água da chuva já existem. A primeira casa autônoma foi construída na Inglaterra na segunda metade dos anos noventa pelos arquitetos ecológicos Robert e Brenda Vale, autores do livro *The new autonomous house*. Um projeto semelhante foi desenvolvido em Brasília pelo arquiteto Mário Hermes Viggiano. O conforto ambiental é uma das prioridades da arquitetura bioclimática, com climatização natural sem equipamentos de natureza mecânica, usando apenas o potencial da ventilação, da insolação, da vegetação, dos materiais de construção e de todas as variáveis do clima, e reduzindo drasticamente o consumo de energia.

Respeitável público!

Casas auto-sustentáveis, que não dependem das redes públicas de energia, esgotos ou água não são mais ficção, como poderia parecer aos leitores da revista *Realidade* de 1972, que descreveu os sonhos do arquiteto italiano Paolo Soleri no deserto do Arizona. Hoje não apenas Arcosanti pode ser visitada, como outras experiências alternativas em diversas partes do mundo mostram que de fato o conceito de cidade está em transformação.

A urbe está cada vez mais complexa e cheia de novidades. Repleta de histórias a serem contadas. Dramas humanos, loucuras, inovações, encruzilhadas, novos caminhos, alternativas. Essa realidade dinâmica é um desafio aos jornalistas, pois os problemas ambientais se agravam. Dos repórteres, redatores e editores não se espera mais que apenas informem, mas também assumam um papel de educadores. Sem dúvida, os veículos de comunicação têm a função social, junto com as escolas, as universidades, as ONGs, as empresas e o governo, de forjar cidadãos capazes de superar a crise ecológica que ameaça o futuro de nossas cidades.

"Foi com o objetivo e a esperança de encontrar as melhores soluções que fizemos esta grande reportagem", escreveu Victor Civita na apresentação da Revista *Realidade* em maio de 1972. É essa a motivação que deve ser resgatada pelos veículos de comunicação nesses primeiros anos do século XXI. O público agradeceria.

Sites de referência

ARCOO – Empresa Coletiva Especializada em Cooperativismo de Habitação, Crédito e Trabalho
   http://www.arcoo.com.br ARCOO

Associação Brasileira de Resíduos Sólidos e Limpeza Pública
   http://www.ablp.org.br

Associação Nacional dos Serviços Municipais de Saneamento
   http://www.assemae.org.br

Associação Nacional de Tecnologia do Ambiente Construído
   http://www.antac.org.br

Atlas Ambiental de São Paulo
   http://www.iclei.org

Atlas do Desenvolvimento Humano no Brasil
   http://www.undp.org.br

Conselho Internacional para Iniciativas Ambientais Locais
http://atlasambiental.prefeitura.sp.gov.br

Centro de Informações sobre Reciclagem e Meio Ambiente
http://www.recicloteca.org.br

Centro de Referência em Gestão Ambiental para Assentamentos Humanos
http://www.unilivre.org.br/centro

Global Ecovillage Network
http://www.ecovillage.org

Instituto Brasileiro de Administração Municipal
http://www.ibam.org.br

Instituto para a Democratização de Informações sobre Saneamento Básico e Meio Ambiente
http://www.resol.com.br

Instituto da Mobilidade Sustentável – Ruaviva
http://www.ruaviva.org.br

Instituto de Permacultura e Ecovilas do Cerrado
http://www.permacultura.org.br/ipec/

Instituto de Planejamento Urbano de Curitiba
http://www.ippuc.pr.gov.br

Jornada Internacional Na Cidade Sem Meu Carro
http://www.22september.org

Mega-cities Projects – Rede Mundial de Alternativas Sustentáveis para Megacidades
http://www.megacitiesproject.org/network.asp

Núcleo Orientado à Inovação da Edificação da UFRGS
http://www.cpgec.ufrgs.br/Norie

Portal de Desenvolvimento Sustentável e Qualidade de Vida
http://www.sustentabilidade.org.br

Programa das Nações Unidas para Assentamentos Humanos
http://www.unchs.org

Projeto Arcosanti
  http://www.arcosanti.org
Projeto Casa Autônoma
  http://www.casaautonoma.com.br
Saneamento Básico
  http://www.saneamento.básico.com.br
Sanitários Ecológicos
  http://www.ecosanres.org
Urban Ecology Australia
  http://www.urbanecology.org.au
Worldwatch Institute/ Universidade Livre da Mata Atlântica
  http://www.uma.org.br

Verde como dinheiro

Economia sustentável é utopia, contradição ou lucro certo?

REGINA SCHARF*

A imprensa brasileira, tão gabaritada para cobrir assuntos econômicos, costuma derrapar quando tem de encarar reportagens sobre desenvolvimento econômico sustentável. Jornalistas que escrevem com desenvoltura sobre IGP-M, BM&F ou *spread* engasgam ao enfrentar conceitos até mais simples, como os de manejo florestal e produção mais limpa. Faça um teste. Experimente perguntar a um repórter tarimbado de Finanças:

- Papel reciclável é a mesma coisa que papel reciclado?
- As emissões poluentes dos carros destroem a camada de ozônio?

---

* Jornalista especializada em meio ambiente, com passagens pelo jornal *Gazeta Mercantil*, revista *Veja* e Radio France Internationale (RFI). Desenvolveu projetos para diversas organizações não-governamentais (Instituto Ethos, Amigos da Terra, Instituto Ecofuturo, Instituto Akatu) e empresas (ABN Amro, Holcim, Grupo Algar, Alcoa). Integra o Conselho do Greenpeace no Brasil. Recebeu, em 2002, o prêmio Reuters-IUCN de Jornalismo Ambiental para a América Latina. É co-autora do livro *Como cuidar da nossa água* (BEI Editora, 2003).

- Qual a diferença entre um produto vegetariano e um produto orgânico?
- Conservação e preservação são sinônimos?

As chances de acerto em qualquer dessas perguntas são bastante remotas. Mas vamos à primeira pergunta. Dificilmente o jornalista lembrará que absolutamente qualquer papel é reciclável, ou seja, pode ser submetido à reciclagem – com exceção daquele que vem misturado a outras substâncias, como o papel-carbono ou o papel-manteiga, ou ainda o que foi contaminado, como o papel higiênico. Já o papel reciclado é o que foi confeccionado com papel descartado. O primeiro pode ser reciclado. O segundo é produto da reciclagem.

Na segunda pergunta, é comum confundir dois fenômenos físico-químicos bem diferentes e com conseqüências distintas: a destruição da camada de ozônio e o aquecimento global. O primeiro é associado, principalmente, a substâncias orgânicas cloradas, como os gases clorofluorcarbonos (CFCs), usados pela indústria como refrigerantes ou agentes expansores de espuma, por exemplo. Uma vez liberados na atmosfera, eles promovem a destruição da camada de ozônio que recobre a estratosfera terrestre e ajuda a reduzir a incidência de raios solares ultravioleta sobre o planeta. Quando a camada de ozônio fica mais rarefeita, aumenta a exposição dos seres vivos a esses raios, fenômeno associado a maior risco de ocorrência do câncer de pele. Já o progressivo aquecimento global é associado às crescentes emissões de dióxido e monóxido de carbono – estes, sim, gases emitidos por veículos.

Qual a diferença entre produtos vegetarianos e orgânicos? Os primeiros são compostos, basicamente, de vegetais, embora algumas correntes de alimentação vegetariana aceitem certos produtos de origem animal, como leite e ovos. Já os produtos orgânicos são aqueles produzidos sem fertilizantes químicos e agrotóxicos. São comuns restaurantes vegetarianos que servem tomates produzidos com insumos químicos. Por outro lado, um almoço orgânico pode incluir carne de vacas criadas sem hormônios ou medicamentos alopáticos.

E a diferença entre conservação e preservação? A primeira pressupõe uma gestão racional dos recursos naturais de modo a garantir sua sustentabilidade. A segunda, bem mais restrita, prevê a manutenção de um ambiente natural intocável e, em geral, não é compatível com a presença humana, como explica o *The concise oxford dictionary of ecology* (Oxford University Press, 1994). No entanto, diga-se em favor de quem ignorar essa diferença que, com enorme freqüência, os dois conceitos são usados indistintamente.

Esse conjunto de informações não é mera perfumaria. Elas têm ligações estreitas com todas as atividades humanas, sejam elas urbanas ou rurais. Como falar em agropecuária sem tocar nos temas erosão, contaminação do solo e das águas superficiais e subterrâneas, esgotamento do freático? Como escrever sobre a indústria ignorando a crescente demanda dos consumidores por produtos ambientalmente diferenciados? Ou ainda a necessidade de controle da poluição e do risco de acidentes?

Contudo, os profissionais da imprensa cotidiana, em geral, relutam em reconhecer a importância dos aspectos ambientais da economia. Ainda são poucos os jornalistas que cobrem a questão de forma criativa e conseqüente, que enxergam, estudam e exploram as múltiplas conexões existentes entre a natureza e o mundo do dinheiro, do comércio exterior ao sistema financeiro.

Tal deficiência se explica, em parte, por um erro histórico: achar que o meio ambiente só interessa a jovens românticos e idealistas. Por tradição ou preconceito, boa parte da imprensa trata a questão ambiental como algo superficial, espetacular, que atrai pelo que tem de belo ou destrutivo, e não por seu impacto concreto: político, econômico ou social. O valor da natureza é puramente estético, idealizado. Nada mais.

Essa idéia de um paraíso natural um tanto inatingível, do qual a humanidade se vê excluída, é uma herança evidente da cultura clássica, que exaltava rios e árvores na figura de belos faunos e ninfas. Até o início do século XX, foram raros os autores que não pintaram a natureza de forma emocional, atribuindo-lhe contornos irreais e separando-a do convívio com as sociedades humanas. Dois rápidos exemplos literários de continentes e séculos distintos ilustram esse espírito:

- O louvor do primeiro poeta romântico brasileiro, Domingos José Gonçalves de Magalhães (1811-1882), ao rio Amazonas, no canto I da *Confederação dos Tamoios*: "Tal o conquistador que c'os despojos/ Dos reis destronizados se opulenta,/ Ou c'os tributos dos vencidos povos,/ Em pé firme no carro de combate,/ Envolto numa nuvem de poeira,/ Na frente vai levando debandada/ Ingente aluvião de inimigas hostes,/ E ante as portas de bronze do castelo/ Nova vitória alterca porfiosa".
- Numa linha mais comedida, mas igualmente reverente, pergunta-se o francês Blaise Pascal (1623-1662): "O que é o homem na natureza? Um vazio diante do infinito, um tudo diante do vazio, um meio entre o tudo e o nada".

Com freqüência, a imagem de paraíso natural que as redações de jornais, revistas, TVs, rádios e *sites* cultivam parece suplantar outro paradigma igualmente forte na mídia contemporânea: a pretensão à objetividade. Mas tanto a adjetivação de Gonçalves de Magalhães quanto a humildade de Pascal encontram eco nos veículos de comunicação brasileiros. Há vários indícios. Vejamos alguns deles.

1. **Folclorização das ONGs** – Em algum momento dos anos noventa popularizou-se nos veículos de comunicação o termo "ecoxiita", numa referência pejorativa aos ambientalistas. Os militantes são associados a fanáticos iluminados que se apóiam em dogmas radicais, jamais em evidências científicas. Por extensão, as ONGs perdem sua conotação política e mobilizadora e ganham contornos de seita religiosa.
2. **Temáticas vazias** – São comuns as matérias que reduzem os problemas ambientais a ponto de transformá-los em notícia típica das seções de variedades. Dentro do jornalismo, as seções

sobre variedades, que abrangem artes, espetáculos, moda, gastronomia, comportamento etc., não são consideradas relevantes, e por isso são desvalorizadas. Então, um exemplo clássico da pauta vazia é a notinha (ou mesmo a reportagem curta) anunciando o nascimento de algum filhote exótico no zoológico. É rara a empresa jornalística, não importando o tamanho ou o alcance do jornal ou telejornal, que não se renda a essa abordagem quase infantilizante.

3. **Maniqueísmo** – Não importa quão abrangente e complexa seja a questão ambiental. A maioria dos repórteres, por hábito ou falta de tempo, continua a aplicar ao pé da letra o velho esquema simplista de "ouvir o outro lado, o segundo lado", criando polarizações conflituosas do tipo "empresa *versus* ONGs" ou "governo *versus* ONGs", ignorando que seria necessário dar voz a inúmeros "outros lados" esquecidos – lideranças comunitárias e pesquisadores, por exemplo. Quem acompanha a área ambiental sabe que algumas organizações não-governamentais são particularmente próximas de governos. O Fundo Mundial para a Natureza (WWF) desenvolve inúmeros trabalhos em parceria com o Ministério do Meio Ambiente. Outras entidades têm maior proximidade com as empresas. A Fundação SOS Mata Atlântica, por exemplo, recebe de indústrias e instituições financeiras boa parte de seus recursos. Em contraste, o Greenpeace aceita exclusivamente doações de pessoas físicas. Todas essas são nuanças que, com freqüência, a imprensa ignora.

4. **Olhar míope** – Não há preocupações com o contexto das ocorrências. O que aconteceu antes da notícia e suas possíveis conseqüências parecem importar muito pouco. As recorrentes coberturas de inundações nos vales do rio Itajaí, em Santa Catarina, e do Ribeira, em São Paulo, evidenciam isso. Todo ano, na época das chuvas, o noticiário mostra famílias desabrigadas, bombeiros resgatando crianças e casas cobertas de água. Raros são, porém, os esforços para entender o fenômeno. Nin-

guém vai à cidade atingida nas semanas seguintes à catástrofe para tentar compreender as causas de tais tragédias. O que impôs a instalação irregular de uma fatia da população em favelas à beira de rios? As enchentes estão piorando em conseqüência das mudanças climáticas ou da execução de obras de engenharia equivocadas, como barragens que mudam o curso e o fluxo dos rios? Não se respondem a essas perguntas por falta de uma visão de conjunto.

Gostaria, nesse ponto, de compartilhar uma experiência pessoal sobre essa miopia do olhar jornalístico a que me refiro. Em 1998, envolvi-me numa reportagem que buscava, justamente, a notícia atrás dos noticiários sobre enchentes. Após falar com especialistas e representantes do governo, viajei a Eldorado, no Vale do Ribeira, sul do estado de São Paulo, lugar de particular pobreza, montanhoso e coberto por florestas. Praticamente todos os anos, em janeiro e fevereiro, a água sobe, mata gente, destrói casas e plantações.

Há quase duzentos anos, quando ainda se chamava Xiririca, o município sofreu uma inundação brutal, que cobriu todo o casario e obrigou a população a mudar morro acima. Lendas locais contavam que a coisa foi tão feia que uma vaca acabou arrastada para cima de um telhado. Em 1998, dias antes de minha visita, a comunidade construída no alto do morro foi invadida pelas águas, que destruíram um sexto das plantações de banana e deixaram parte da população desabrigada.

Culpa do efeito estufa? Como a água teria alcançado uma colina que era segura há duzentos anos? A principal resposta era a absoluta falta de planejamento e suas conseqüências aterrorizantes. Uma série de barragens construídas nas últimas décadas mudou a dinâmica da bacia. E as terras de boa qualidade se concentraram em poucas mãos, empurrando a população rumo às margens dos rios, que deveriam ser ocupadas com parcimônia. A fúria da natureza – para usar aqui um lugar-comum – era, então, nada além de uma reação às decisões humanas insensatas.

Volumes que enganam

Folclorizada, esvaziada e reduzida, a temática ambiental só poderia interessar mesmo aos leitores de amenidades. Poucas ocasiões foram tão propícias à observação desse fenômeno quanto o ano de 1992, quando se realizou a Conferência das Nações Unidas sobre Meio Ambiente e Desenvolvimento. O evento, que reuniu 108 presidentes e primeiros-ministros e vinte mil representantes da sociedade civil no Rio de Janeiro, representou, sem dúvida, o auge da cobertura ambiental no Brasil – se não em qualidade, pelo menos em quantidade.

Nas duas semanas de negociações, todos os grandes jornais do país dedicaram páginas inteiras ao tema. Cerca de nove mil jornalistas, sendo a metade deles brasileiros, disputaram a tapa as dezenas de salas onde se promoviam entrevistas coletivas no Riocentro, sede do encontro oficial, e no Aterro do Flamengo, onde ocorreu o evento paralelo da sociedade civil. A disputa era tanta que, durante conferência de imprensa com o então primeiro-ministro britânico, John Major, num salão completamente lotado, testemunhei algo raro por aqui: o repórter da Rede Globo – emissora que tem prioridade em qualquer entrevista coletiva – simplesmente não conseguiu fazer sua pergunta, atropelado pela imprensa estrangeira e pelo repórter de uma revista da Legião da Boa Vontade (LBV), interessado em saber o que John Major achara das favelas cariocas.

O peso da conferência e a presença maciça da imprensa não garantiram à Eco-92 uma boa cobertura, infelizmente. Os principais assuntos levados à mesa de negociações – mudanças climáticas, explosão populacional, má distribuição de renda e aceleração no ritmo da extinção das espécies – foram relegados a segundo plano.

O grosso da cobertura centrou-se no pitoresco, na coincidência de cores das roupas dos garis cariocas e dos monges tibetanos, no militante que emitia passaportes como forma de protesto contra a existência de fronteiras, nas conferências das atrizes hollywoodianas Shirley McLaine e Jane Fonda. Pois sobre os documentos gerados pela conferência, como a Agenda 21 e a Convenção da Biodiversidade, pouco se escreveu.

Essa perda de foco também ficou bem clara em 1998, quando era discutido o projeto da Lei dos Crimes Ambientais. Às vésperas da votação, o *lobby* dos empresários contrários ao projeto ganhou um aliado de grande apelo jornalístico. A importante bancada evangélica do Congresso decidiu votar contra o projeto por considerar um de seus artigos, o que proibia a poluição sonora, discriminatório contra suas cerimônias de culto, muitas vezes ruidosas. A imprensa deu ampla cobertura à batalha dos religiosos, mas esqueceu-se de detalhar o projeto de lei e avaliar os diversos interesses econômicos ali envolvidos.

Evidentemente, essa miopia não é o único fator que emperra uma boa cobertura a respeito do desenvolvimento sustentável. Os eternos problemas dos jornalistas – a falta de tempo para apurações detalhadas e a alta rotatividade das redações, que trocam seus quadros como quem troca de camisa – não permitem que se construa a estabilidade necessária ao aperfeiçoamento da prática e da reflexão.

Certa vez, quando cobria a abertura de uma feira de tecnologia ambiental, em São Paulo, deparei com o repórter de um jornal concorrente. Durante as palestras da tarde, ele havia sido rendido por um colega que não tinha idéia do que o primeiro havia apurado pela manhã. No dia seguinte, o diário mandou um terceiro jornalista para a cobertura do evento. Para aumentar a confusão, nenhum deles cobria sistematicamente a área, o que lhes dificultava o acompanhamento de certas discussões. Por melhores profissionais que fossem, que tipo de cobertura poderiam oferecer?

Na imprensa como na vida

A banalização do debate ambiental e sua dissociação da economia e de outros interesses prementes não são, é óbvio, uma exclusividade das empresas de comunicação. A idéia de que a consciência ambiental é um luxo que deve dar espaço a outras discussões mais urgentes parece amparada pelo conjunto da sociedade.

Uma pequena anedota ocorrida em Nova Delhi, Índia, em 1998, ilustra essa visão de mundo, que, felizmente, perde terreno pouco a pouco. Durante um evento promovido pelo Banco Mundial (Bird), meus colegas e eu discutíamos qual seria o papel do jornalista na construção do desenvolvimento sustentável, em debate moderado por um diplomata de Antigua e Barbuda. No meio da conversa, o diplomata caribenho, Ron Sanders, disparou: "Quanto menos os jornalistas se envolverem nessa discussão, melhor. Em meu país, um grande *resort* à beira-mar deixou de ser construído por causa de denúncias na imprensa de que o empreendimento destruiria bancos de corais. Pois que destruíssem. Pelo menos gerariam centenas de empregos".

No Brasil, essa escola de pensamento predatório encontra muitos adeptos. Não há quem já não tenha ouvido críticas contra ambientalistas com o argumento de que estes prefeririam salvar o mico-leão-dourado a uma criança. Como se as duas lutas fossem excludentes. Ao escolherem o mico-leão como bandeira – assim como o panda e os filhotes de focas o são em outras regiões do mundo –, os ambientalistas simplesmente selecionaram um símbolo de ambientes naturais que, de outra forma, não atrairiam o interesse e o engajamento do público. E a manutenção dos ambientes naturais – por seu papel na conservação dos recursos hídricos, do solo, do equilíbrio climático e da biodiversidade – é essencial à sobrevivência da sociedade.

Entretanto, são cada vez mais recorrentes os indicadores de que os cidadãos brasileiros estão despertando para o tema ambiental e já sabem identificar os vínculos entre natureza e economia. É o que sugere a edição de 2002 da pesquisa de opinião "O que o brasileiro pensa do meio ambiente e do consumo sustentável", produzida pelo Instituto Superior de Estudos da Religião (Iser) e pelo Ministério do Meio Ambiente. Em sua última versão, o estudo ouviu cerca de duas mil pessoas de vários pontos do país em outubro de 2001. A pesquisa mostra, por exemplo, ter aumentado o número de pessoas que acreditam que a preocupação com o meio ambiente não é exagerada (de 42% em 1997 para 46% em 2001) e que a natureza é sagrada (de 57% em 1992 para 67% em 2001).

Também houve uma ampliação significativa do número de entrevistados que concordam com a idéia de que são necessárias grandes mudanças em nossos hábitos de produção e consumo para conciliar desenvolvimento e proteção ao meio ambiente – de 23% em 1997 para 31% em 2001. Além disso, mais da metade da população (51%) disse preferir menos poluição à geração de empregos – mesma proporção verificada desde 1992, embora o desemprego tenha crescido desde então. É evidente que não se devem levar esses resultados ao pé da letra. Qualquer medida que amplie ainda mais o desemprego será altamente impopular, por mais que ela ajude a salvar uma reserva natural intocada. Mesmo assim, é interessante ver como as mentalidades evoluem dentro do país.

O governo, pouco a pouco, segue a mesma tendência. Em 1972, ficou famosa uma declaração do então ministro do Interior, general Costa Cavalcanti, que chefiou a delegação brasileira na Conferência das Nações Unidas sobre o Meio Ambiente Humano, em Estocolmo, Suécia, primeiro evento internacional de peso sobre o tema. Para Costa Cavalcanti, "um país que não alcançou o nível satisfatório mínimo para promover o essencial não está em condições de desviar recursos consideráveis para a proteção do meio ambiente". Está no *Guia da ecologia* (Abril, 1992), coordenado por Fábio Feldmann.

É fato que, naquela época, assuntos ambientais nem eram objeto de discussão – nem no Brasil do governo militar, nem em parte alguma. Ainda não haviam ocorrido os gigantescos acidentes de Bhopal (o vazamento de trinta toneladas de isocianato de metila de uma fábrica da Union Carbide na Índia, que matou 3.800 pessoas, em 1984), Chernobyl (em que duas explosões destruíram uma usina nuclear ucraniana, obrigando a evacuação definitiva de 135 mil pessoas, em 1986) ou o do Exxon Valdez (petroleiro da Exxon que derramou 40,5 milhões de litros de óleo no Alasca, um ecossistema particularmente frágil, em 1989).

Na época, também quase não existiam ambientalistas não-governamentais – a rara exceção era o Greenpeace, que completava um ano na Conferência de Estocolmo; e havia menos empresários interessados em tornar seus processos produtivos menos destrutivos. Só em 1991, dezenove anos depois da Conferência na Suécia, foi criado o World Business Council for Sustainable Development (WBCSD), entidade que reúne líderes empresariais mundiais para a promoção do desenvolvimento sustentável.

Assim, a posição do general Costa Cavalcanti e do governo brasileiro não fugia muito do contexto internacional. Nos trinta e um anos que se passaram desde Estocolmo, a postura oficial do governo brasileiro em face das questões ambientais mudou progressivamente. Pouco a pouco, o setor público percebeu que suas decisões de cunho econômico interferiam na saúde ambiental do país e vice-versa.

Talvez a maior transformação tenha-se dado no arcabouço legal. Primeiro, em 1986, quando surge a figura do Estudo de Impacto Ambiental – documento que investiga os riscos de determinadas obras, como estradas de rodagem e hidrelétricas, e deve ser submetido aos órgãos ambientais para que eles autorizem, ou não, o projeto.

Na seqüência, em 1988, o país ganhou nova constituição, dotada de um capítulo específico sobre o meio ambiente, considerado dos mais avançados. Dez anos depois, em 1998, a Lei dos Crimes Ambientais foi aprovada. Pela primeira vez previa-se a responsabilização administrativa, civil e penal de pessoas físicas ou jurídicas que danificassem o meio ambiente. Hoje, infratores que promovem a degradação dos recursos naturais podem ser condenados na forma de multas (até cinqüenta milhões de reais), prisão, prestação de serviços à comunidade ou suspensão parcial ou total das atividades de suas empresas.

Esses instrumentos jurídicos ajudaram a ampliar o poder dos técnicos do Ministério do Meio Ambiente (MMA) e do Ibama, a agência ambiental federal, que começaram a ser ouvidos por outras instâncias de governo na concepção de políticas públicas e na aprovação de obras – embora sua influência ainda seja bastante reduzida, como demonstrou a liberação nacional do plantio de sementes transgênicas, em setembro de 2003.

As redações de jornais, rádios, TVs e Internet, talvez por alienação do mundo real, talvez pela instabilidade financeira, são ainda mais relutantes que a sociedade em associar o meio ambiente à economia. Algumas publicações econômicas até ensaiam uma cobertura mais alentada com esse enfoque, mas o espaço dedicado ao desenvolvimento sustentável é reduzido tão logo a crise financeira aperte e o mercado publicitário seque.

Tomem-se como exemplo os dois principais diários econômicos do país. A *Gazeta Mercantil*, onde trabalhei entre 1989 e 1992 e entre 1997 e 2001, foi o primeiro e único jornal nacional a manter uma página diária sobre meio ambiente, de 1988 a 1994. Nesse período, o tema ocupava, em média, uma página diária. Em 1992, à época da Eco-92, a editoria de meio ambiente tinha uma equipe de quatro jornalistas na redação paulista – editora e subeditor e duas repórteres – e um repórter no Rio. Durante a Conferência das Nações Unidas, a equipe ganhou reforço de meia dúzia de repórteres, deslocados de outras editorias. Desde então, o espaço foi desmantelado e a cobertura ambiental passou a ter altos e baixos. Em 2003, por exemplo, não havia nenhum profissional destacado para cobrir com exclusividade o tema. Seu concorrente direto, o diário *Valor Econômico*, surgido em 2000, não chegou a constituir uma editoria especificamente ambiental, embora mantenha alguns repórteres afinados com a questão, que em geral têm de ocupar parte de seu tempo com pautas de outras áreas.

Lucro ecológico

No conjunto da imprensa, prevalece a crença de que, se o meio ambiente interessa a engajados e românticos, não é assunto que atraia economistas, administradores públicos e empreendedores. Nada mais equivocado.

Hoje, qualquer executivo minimamente sintonizado com seu tempo tem noção de que a gestão dos recursos naturais deixou de ser um mal necessário para se converter em fator de competitividade. Um estudo divulgado em 2003 pelo International Finance Corporation (ou IFC, o braço financeiro do Banco Mundial) e pela consultoria britânica SustainAbility deixou isso bem claro.

Foram ouvidos dirigentes de 240 empresas de países em desenvolvimento que adotaram comportamentos mais éticos, buscando o respeito à sociedade e ao meio ambiente. Em todos os casos, os executivos concluem que a responsabilidade social corporativa lhes trouxe inúmeros benefícios. Segundo os entrevistados, as indústrias que melhoraram sua gestão ambiental obtiveram várias vantagens competitivas, como a melhoria de sua reputação e da relação com a comunidade e o conseqüente aumento de receita. Entretanto, a vantagem mais óbvia era a redução de custos. Uma fábrica que cuida para que seu processo produtivo seja o mais limpo possível também evita desperdício de água, energia e matéria-prima, reduz o risco de ter de pagar multas e produz menos resíduos e água contaminada. Em decorrência, tem menos gastos com a disposição final ou o tratamento.

A repercussão de uma reportagem sobre produção mais limpa, publicada na *Gazeta Mercantil* em 1998, deu-me maior clareza a respeito da percepção do empresariado brasileiro quanto a essas vantagens. Entre muitas entrevistas e vários depoimentos de empresários que investiram na racionalização de seus processos – para reduzir seu impacto ambiental –, citei um *software* recém-lançado pela agência ambiental paulista, a Cetesb, que ajudava os empreendedores a fazer uma auto-avaliação dos desperdícios ocorridos em suas fábricas. O disquete era distribuído gratuitamente aos interessados. Nos dias subseqüentes à publicação da matéria, a Cetesb foi inundada com pedidos de cópias do programa – acabou distribuindo mais de 1.500 exemplares.

O meio ambiente em si é um belo nicho de negócios. Um amplo levantamento feito anualmente pela Câmara de Comércio Brasil-Alemanha indica que, no intervalo entre 2001 e 2005, os investimentos nacionais em controle da poluição e projetos de saneamento deverão ficar na casa dos quinze bilhões de dólares, entre gastos com equipamentos, consultoria, execução de obras e serviços de engenharia. Além disso, o *2º Guia de tecnologias ambientais Brasil-Alemanha 2001-2002* estima o potencial total do mercado ambiental brasileiro em cerca de vinte bilhões de dólares.

Hoje, multiplicam-se os fabricantes de produtos reciclados, de coletores solares, de duchas que economizam água. É particularmente notável o crescimento disparado do mercado de alimentos orgânicos, cultivados sem agrotóxicos ou fertilizantes químicos. Segundo o Instituto Biodinâmico, principal certificador orgânico nacional, já existem mais de três mil produtores certificados. Eles detêm cem mil hectares de plantações de produtos agrícolas e extrativistas não madeireiros, que vão da soja e o algodão ao dendê e a erva-mate. Esses produtos são cada vez mais acessíveis ao consumidor médio e já podem ser encontrados em grandes redes de supermercados.

Cresce também a demanda por produtos florestais extraídos de forma sustentável, sem destruir tudo à volta. No Brasil, 1,9 milhão de hectares de florestas já obtiveram o selo do Forest Stewardship Council (FSC), coalizão internacional que congrega empresários, ambientalistas e cientistas e certifica se o manejo de determinado produto florestal tem baixo impacto socioambiental. Entre suas exigências está a de que a derrubada seja precedida por uma seleção criteriosa das árvores a cortar. As toras têm de ser retiradas com a mínima perturbação possível do conjunto da floresta. Uma vez efetuado esse corte seletivo, a área deverá ficar em repouso por vários anos, para que se recupere.

Prejuízo econômico

Se investir em meio ambiente traz dividendos às empresas, tratá-lo com desleixo pode custar bem caro. A sociedade sempre encontra um jeito de lembrar o setor privado de suas obrigações nesse departamento.

Boicotes a empresas de alguma forma associadas à devastação da natureza podem ser raros no Brasil, mas são cada vez mais freqüentes na Europa e nos Estados Unidos.

Nos últimos anos, a Rainforest Action Network (RAN), organização não-governamental de defesa das florestas tropicais, conseguiu apoio para sua campanha contra o Citigroup, maior instituição financeira norte-americana, devido à disposição do banco em investir em mineração, indústrias madeireiras e petroquímicas. A RAN chegou a pedir o boicote ao cartão de crédito do grupo com a campanha "Com meu dinheiro não, Citi!". Em abril de 2001, a entidade promoveu protestos simultâneos em oitenta cidades, da Índia à Alemanha.

Denúncias ambientais podem desequilibrar as finanças de empresas bilionárias. Basta lembrar que a multinacional norte-americana Exxon teve de arcar com um prejuízo de mais de um bilhão de dólares gastos na redução dos impactos produzidos pelo acidente com o petroleiro Exxon Valdez, no Alasca, em 1989.

Mais recentemente, ganhou destaque um acidente que envolvia a Cataguazes, indústria brasileira de papel e celulose. Em março de 2003, uma de suas barragens de contenção se rompeu, lançando 1,2 bilhão de litros de efluentes contaminados com enxofre, soda cáustica, anilina e hipoclorito de cálcio no rio Pomba, em Minas Gerais. Seus dirigentes chegaram a ser presos e, por causa das multas, a saúde financeira da empresa, então já bastante debilitada, ficou ainda mais enfraquecida.

A conservação ambiental não influi apenas nas contas do setor privado. Ela já representa o ganha-pão de milhões de trabalhadores no mundo inteiro. Segundo o estudo "Working for the environment – a growing source of jobs", coordenado em 2002 por Michael Renner, do Worldwatch Institute, organização não-governamental baseada em Washington e empenhado em mapear tendências socioeconômicas e ecológicas, pelo menos 14 milhões de empregos já foram criados pelos empreendimentos ambientalmente sustentáveis, da reciclagem de resíduos ao desenvolvimento de fontes renováveis de energia.

Falsos apelos

Naturalmente, quando há dinheiro em jogo, o jornalista precisa redobrar sua atenção para lidar com os interesses envolvidos. Inúmeras organizações se vêem tentadas a divulgar amplamente suas iniciativas positivas na área ambiental – muitas vezes, de forma exagerada. É o caso da Agência de Energia Atômica (AEA), que decidiu vender a idéia de que as centrais nucleares emitem menos poluentes atmosféricos que outros modelos de geração elétrica e, portanto, despejam menos carbono na atmosfera e colaboram menos para o aquecimento global progressivo.

Em setembro de 2002, durante a Rio+10, conferência que marcou os dez anos da Eco-92, realizado em Johannesburgo, África do Sul, a AEA distribuiu um documento que é uma verdadeira armadilha para jornalistas desatentos. Sob o título "A energia nuclear e o Protocolo de Quioto", o texto defende a construção de novas usinas atômicas a fim de combater a elevação da temperatura planetária. "Sem a energia nuclear, as emissões de centrais de geração elétrica dos países da OCDE (Organização para a Cooperação e o Desenvolvimento Econômico) seriam 33% maiores que as atuais", diz o estudo. "Isso significa uma redução anual nas emissões de cerca de 1,2 bilhão de toneladas de dióxido de carbono." (Nuclear Energy and the Kyoto Protocol, Nuclear Energy Agency/OECD, 2002) De fato, não há mentira aí. O problema é que não se pode, em nome de uma redução do risco de aquecimento global, promover um tipo de energia que oferece altíssimos riscos de contaminação radioativa.

Esse episódio mostra, com clareza, como a imprensa está sujeita à propaganda de setores que querem passar por "ecologicamente corretos" a qualquer custo. Nessa mesma linha, são incontáveis os casos de empresas que negam por anos a ocorrência de problemas ambientais em seus domínios, apesar de denúncias de ambientalistas, do Ministério Público ou dos órgãos ambientais.

A indústria brasileira do amianto – usado, sobretudo, em telhas onduladas e em caixas d'água – gastou muito dinheiro e algumas décadas tentando provar que o produto não era nocivo à saúde dos trabalhadores envolvidos em seu processamento. Isso apesar da crescente rejeição mundial à fibra, que é associada à asbestose (endurecimento dos alvéolos pulmonares) e a outras doenças respiratórias. Em decorrência, a Comissão Européia decidiu, em 1999, banir o amianto até 2005. Apesar de reiterar várias vezes que o tipo de amianto garimpado no Brasil seria inócuo, o setor decidiu, em 2002, jogar a toalha e abandonar progressivamente sua comercialização.

Uma empresa que se notabilizou pelo esforço de negar suas pendências ambientais, a despeito das crescentes evidências em contrário, foi a Shell. Entre 1975 e 1993, a multinacional do petróleo fabricou os agrotóxicos organoclorados Endrin, Dieldrin e Aldrin em Paulínia, interior de São Paulo. Trata-se de compostos capazes de resistir à degradação química ou biológica que se acumulam nos tecidos adiposos de organismos vivos, potencializando sua ação.

Inúmeros estudos têm indicado suas propriedades cancerígenas e mutagênicas. Tanto que o Aldrin tem hoje sua venda proibida no Brasil e em pelo menos outros 25 países, enquanto o Dieldrin é banido em 33 países. Em 2001, noventa países assinaram a Convenção sobre Poluentes Orgânicos Persistentes, a Convenção de Estocolmo, banindo doze substâncias – entre elas, justamente, o Aldrin, o Dieldrin e o Endrin. Durante os dezenove anos em que esses agrotóxicos foram fabricados em Paulínia, resíduos de organoclorados eram estocados em tanques que, em determinados momentos, sofreram vazamentos, contaminando o lençol freático próximo ao rio Atibaia, importante manancial da região.

No entanto, desde 1994, quando foi identificada uma rachadura numa piscina de contenção de resíduos da Shell, a empresa vinha negando a ocorrência da poluição. Só no fim de 2000, após denúncias recorrentes do Greenpeace e da Cetesb e a realização de uma série de análises da qualidade da água do lençol subterrâneo, a Shell admitiu o fato. Exames posteriores indicaram que 156 pessoas – 86% dos moradores do bairro vizinho à fábrica, abastecido por água de poço –, apresentaram pelo menos um tipo de resíduo tóxico no organismo.

Essa disposição em vender uma imagem mais verde que o verde não se limita, é evidente, aos setores energético ou industrial. Entre os produtores rurais especializados no manejo de produtos florestais essa prática também costuma ser retomada. Já ouvi de produtores de teca – madeira originária da Índia e da Tailândia – que sua atividade é particularmente ecológica por oferecer um produto que serve de alternativa ao mogno amazônico, bastante ameaçado pela exploração predatória.

De fato, a teca é comparável ao mogno em qualidade, maciez, e pela facilidade de ser trabalhada. Além disso, ela contém óleos que a tornam imune a insetos e fungos. Trata-se, porém, de uma monocultura – como o arroz ou a soja – cujo plantio extensivo substitui a vegetação nativa, com conseqüente perda de biodiversidade vegetal, animal e paisagística.

O setor turístico também fornece inúmeros exemplos de exploração inadequada do filão ambiental. Pousadas, hotéis, agências, operadoras e outros serviços vivem tentados a associar sua imagem à marca ambiental, com freqüência de modo impróprio. Não se trata de um lapso inocente. É notório que o ecoturismo é o segmento do turismo que mais cresce no mundo.

Durante a Cúpula Mundial de Ecoturismo em Quebec, Canadá, em maio de 2003, estimou-se que entre 3% e 7% dos 680 milhões de turistas que viajam todos os anos buscam áreas conservadas, movimentando cerca de duzentos bilhões de dólares anuais, segundo informa a reportagem "As promessas do turismo verde", publicada pelo boletim *Terramerica*, das Nações Unidas, de 17 de agosto de 2003.

No Brasil, há cálculos de que cerca de três mil pousadas se apresentam como ecoturísticas. A maioria delas se situa à beira-mar ou no meio de florestas, credenciais insuficientes para empreendimentos que se vangloriam de buscar a sustentabilidade e um contato interativo e consciente com a natureza. Embora o conceito de ecoturismo ainda esteja em construção, há certo consenso de que ele se refere a empreendimentos que zelem pelos recursos naturais, respeitem as populações ao redor, busquem minimizar os impactos negativos da atividade e se empenhem em promover a educação ambiental. Mas é bastante raro encontrar todos esses requisitos no setor turístico brasileiro.

Em meio a essa guerra de propaganda, o jornalista costuma ser bombardeado por *press-releases*, textos de divulgação enviados por assessorias de imprensa cujo conteúdo pode ser de difícil avaliação. Nesses casos, é importante ter consciência, conhecimento sobre o tema para distinguir as informações relevantes e confiáveis das que veiculam falsos apelos. O que fazer, por exemplo, quando se deseja escrever sobre uma empresa com comportamento ambiental exemplar em determinados departamentos e crítico em outros?

Tome-se o exemplo clássico da Petrobras. A gigantesca estatal do petróleo patrocina o reputado Projeto Tamar, que ajuda a salvar seiscentos mil filhotes de tartarugas marinhas por ano. Por outro lado, foi responsável pelos maiores acidentes ambientais já ocorridos no país, com destaque para duas ocorrências em 2000, ambas catastróficas.

A primeira foi o rompimento de um duto que conectava a Refinaria de Duque de Caxias ao terminal da Ilha d'Água, derramando 1,3 milhão de litros de petróleo na Baía de Guanabara. A mancha se espalhou por quarenta km^2, atingindo mangues, praias e a Área de Proteção Ambiental de Guapimirim. O segundo, poucos meses depois, envolveu a Refinaria Presidente Getúlio Vargas, em Araucária, Paraná. Um vazamento despejou nos rios Barigüi e Iguaçu uma quantidade de óleo sem precedentes na história brasileira – quatro milhões de litros.

O problema que se projeta, nesse caso, é o seguinte: como escrever sobre os méritos da empresa sem omitir o outro lado, os acidentes que acabam contaminando o próprio ambiente marinho onde vivem as tartarugas que a empresa ajuda a proteger? Provavelmente, o ideal seria escrever sobre os dois aspectos lado a lado. Mas nem sempre os veículos oferecem tempo e espaço suficientes para que os jornalistas se dediquem a tal empreitada. O resultado acaba sendo uma cobertura inevitavelmente parcial.

Certificados que não certificam

Nesse universo que cruza a ecologia e o mundo corporativo, há poucos territórios mais escorregadios para os jornalistas do que o da certificação ambiental e dos ditos "selos verdes". Apesar de seus méritos na formatação e propagação de modelos de sustentabilidade, tais instrumentos em geral são vendidos como atestados incontestes de boa administração do meio ambiente – o que, de fato, não são.

Isso é particularmente recorrente entre as empresas que obtêm os certificados da série ISO 14.000 – que indicam seu compromisso de aprimorar a gestão ambiental, reduzindo seus impactos. Quem conquista essa distinção demonstra que se organizou e sistematizou os procedimentos de modo a minimizar desperdícios, geração de resíduos e outros impactos ambientais. Não significa, porém, que esteja imune a acidentes.

De novo tomemos o caso da refinaria da Petrobras em Araucária, Paraná, que produziu um derramamento de óleo gigante no rio Iguaçu, em julho de 2000. A unidade havia recebido seu certificado ISO 14.001 dias antes da ocorrência. Apesar de meses de treinamento e adequações de processos, que conduziram à certificação, um funcionário deixou de cumprir a rotina de abertura de uma válvula. Também houve o rompimento de uma junta de expansão. Mais grave: muito óleo se perdeu antes que o problema fosse identificado.

Existe uma grande distância entre o real e o ideal. Mesmo assim, a conquista de um certificado ISO costuma ser motivo de divulgação eufórica na mídia. Anúncios do feito são publicados nas revistas especializadas, os jornalistas recebem uma profusão de *press-releases* a esse respeito e *designers* gráficos são convocados para refazer rótulos de produtos, folhetos de divulgação, material de papelaria e todas as marcas da empresa de modo a incluir em tudo o logotipo do certificado.

Várias informações devem ser levadas em conta pelo jornalista e pelo leitor que lida com este tema, a saber:

- Os certificados ISO referem-se à padronização e à melhoria dos processos produtivos, não à qualidade do produto em si. Logo, pode-se dizer que uma empresa tem a ISO, mas não que seu produto obteve o mesmo certificado.

- A norma ISO 14.000 não descarta, *a priori*, setores da economia que merecem desconfiança, como a indústria de armas, de tabaco ou de palmito extraído irregularmente da Mata Atlântica.
- Simplesmente não são noticiadas as ocorrências de empresas que perderam seus certificados ISO por não conseguirem corresponder às exigências do certificador. Isso vale mesmo para aquelas flagradas fora dos padrões mínimos por uma *blitz* de fiscalização ou uma auditoria.

Nem as empresas certificadoras nem o Instituto Nacional de Metrologia, Normatização e Qualidade (Inmetro), órgão que as credencia, fornecem tal informação à imprensa. Em tese, não há lei que obrigue essa divulgação, já que todos os certificados e selos ambientais são voluntários – tira quem quer. Entretanto, é interessante observar como o sigilo que ronda as ISO perdidas contrasta com a transparência do já mencionado Forest Stewardship Council. O FSC sistematicamente divulga quais empresas foram destituídas de seu certificado de manejo florestal, de modo a democratizar a informação e evitar o uso indevido de sua marca.

A busca de certificados e selos ambientais não é o único instrumento de "venda" da imagem da sustentabilidade para os consumidores e o público em geral. Muitas empresas preferem gastar suor e dinheiro para que seus produtos ganhem uma aura de "amigos da natureza". Com freqüência, os fatos divulgados são verdadeiros – mas mostram apenas um lado da verdade.

Isso ficou bem claro em 1997, quando a Multibrás, maior fabricante brasileira de refrigeradores, decidiu lançar com alarde aquela que seria sua primeira geladeira ecológica. A indústria havia optado pela utilização do gás hidrofluorcarbono (HFC) como refrigerante, em substituição ao gás clorofluorcarbono (CFC), que, como já se viu, é um dos principais responsáveis pela destruição da camada de ozônio que protege a superfície da Terra. O feito foi anunciado na imprensa e ocupou amplo espaço publicitário. Não foram poucos os jornais que publicaram reportagens louvando os méritos ambientais do produto – pelo menos até o Greenpeace iniciar uma campanha criticando a iniciativa da Multibrás.

Segundo o Greenpeace, embora o HFC seja inofensivo para a camada de ozônio, é extremamente agressivo no que se refere ao aquecimento global. Nesse sentido, ele chega a ser 3.200 vezes mais destrutivo do que o dióxido de carbono, o gás mais comumente associado ao agravamento do chamado efeito estufa – a camada gasosa que envolve a Terra, retendo o calor produzido pelo Sol. Tal camada sempre existiu mas vem rareando, justamente, por causa da emissão de gases por veículos e indústrias. Para o Greenpeace, o novo refrigerador era qualquer coisa, menos "ecológico", e a empresa teria optado em puxar o lençol para cobrir a cabeça enquanto deixava os pés descobertos.

Assim como a Multibrás, inúmeras indústrias de embalagens se empenham em convencer os consumidores de que os materiais que utilizam são mais ecológicos que os de seus concorrentes. Na disputa pelos corações verdes, elas investem pesado em publicidade, montam equipes para defender a imagem de seus produtos e apóiam recicladores ou campanhas educativas.

É o caso da campanha Aprovado pela Natureza, promovida em 2000 pelas indústrias de papel-cartão, que reservaram cerca de dois milhões de reais para a compra de espaço publicitário, promoção de assessoria de imprensa e distribuição de panfletos. Na mesma época, o grupo musical É o Tchan apregoava na TV as vantagens ambientais das latinhas de alumínio, numa campanha que custou um milhão de reais ao setor.

Nessa guerra, os fabricantes de embalagens têm na ponta da língua os argumentos que demonstram a superioridade ecológica de seus produtos e os pontos fracos da concorrência. A indústria do alumínio costuma vangloriar-se por atingir excelentes índices de reciclagem de latas. O Brasil é recordista mundial nessa modalidade, recuperando cerca de 87% do total descartado em 2002, algo como 121 mil toneladas. Por outro lado, a produção de alumínio consome uma quantidade industrial de energia e envolve uma atividade de alto impacto ambiental, a mineração.

Já os fabricantes de vidro alegam que esse material é como a água, sempre recupera sua forma original – ou seja, pode ser reciclado centenas de vezes sem perder qualidade. Entretanto, o vidro é frágil, pesa e ocupa muito espaço, o que dificulta o trabalho dos carroceiros.

A indústria do plástico pode argumentar em seu favor que seu produto é bem mais leve que o vidro, o que barateia o transporte até o reciclador, e que não há perda de material na forma de cacos. No entanto, o plástico vem do petróleo, um recurso não renovável cuja exploração responde pelos mais terríveis episódios de contaminação de oceanos já registrados. Além disso, ele não é biodegradável.

Por fim, o papel, que tem a vantagem de derivar de florestas plantadas e de ser biodegradável. O problema é que ele não resiste a sucessivas reciclagens e não serve para qualquer tipo de embalagem.

Por isso, para o jornalista e o leitor, ouvinte ou telespectador, é fundamental relativizar toda a informação recebida, já que as empresas tendem a direcionar os holofotes apenas para os aspectos que lhe são caros.

Mitos e miragens

O exagero no *marketing* ecológico não é o único obstáculo que se apresenta aos jornalistas e leitores que pretendem compreender os complexos bastidores da gestão ambiental. Eles também têm de enfrentar a proliferação dos mitos e das miragens, a falta de informação confiável e a dificuldade em avaliar a sustentabilidade de um empreendimento. Primeiramente, vamos aos mitos. Algumas afirmações são vendidas aos jornalistas no dia-a-dia como verdades. Certos mitos são repetidos com tamanha insistência que fica difícil encará-los de forma crítica.

Um dos mais conhecidos é o que defende a expansão da fronteira agrícola – sobretudo a lavoura de soja – sobre as regiões de cerrado (que ocupa a maior parte do Brasil Central) para evitar um avanço ainda maior sobre a floresta amazônica. Naturalmente, quem afirma uma coisa dessas ignora que o cerrado detém uma biodiversidade tão ou mais rica que a da Amazônia, mas é submetido a pressões muito maiores. Hoje, só restam 20% das áreas originalmente cobertas por cerrados, que deram lugar a 80 milhões de hectares de pastagens e 14 milhões de hectares de plantações agrícolas e florestais.

Miragens são as informações corretas oferecidas com o objetivo de iludir o jornalista e, por conseguinte, o leitor-telespectador-ouvinte-internauta. Aqui, dois exemplos particularmente comuns:

1. O do governador que se vangloria das altas taxas de saneamento em seu estado e oferece uma porcentagem expressiva, sem mencionar que ela se refere apenas à coleta dos esgotos domésticos. Com freqüência, a rede de coleta é grande, mas o volume efetivamente tratado é mínimo. Ou seja, o resíduo continua a poluir rios, represas e oceanos, mas isso ocorre longe dos olhos do contribuinte. É o caso de fazer as contas: no Brasil, apenas a metade da população urbana tem esgotos recolhidos. Sobre essa metade, 35% recebe algum tipo de tratamento. Assim, menos de 20% do esgoto urbano é tratado. Se incluirmos no cômputo o esgoto rural, a porcentagem cairá ainda mais.
2. O do industrial que alardeia que seu produto é reciclável, ou seja, que suas diversas partes podem ser enviadas para reciclagem. O problema é que a reciclagem só se realizará se houver um sistema confiável de coleta seletiva e empresas ou cooperativas aptas a transformar os resíduos recolhidos. Em 1992, às vésperas da Cúpula da Terra, a Eco-92, fui chamada por uma dúzia de fabricantes de plástico que desejavam informar que, a partir daquela data, imprimiriam em relevo, na base de seus produtos, o símbolo de reciclável – um triângulo formado por flechas e com um número indicando o tipo de plástico empregado. Na época, praticamente inexistiam no país recicladores de plástico. Obviamente, quando se perguntava qual a efetiva porcentagem reciclada, a resposta era zero, ou

quase. Perguntei, então, aos empresários se promoveriam a coleta seletiva de embalagens ou importariam as máquinas necessárias para o fomento da reciclagem. A resposta foi negativa. Ou seja, eles pretendiam anunciar que seu produto era reciclável, mas não fariam nada para que a reciclagem se concretizasse. Resultado: no dia seguinte, o assunto rendeu uma nota de apenas cinco centímetros num pé de página da *Gazeta Mercantil*.

Informação dura

Aos mitos e às miragens soma-se um terceiro problema: a enorme dificuldade de acesso a informações sobre o quadro ambiental brasileiro. Tive uma experiência ilustrativa nesse sentido quando trabalhava para a *Gazeta Mercantil*. Pouco antes da virada do milênio, solicitei dados básicos sobre a produção agroflorestal local à Secretaria Estadual de Agricultura do Amapá. Após dias esperando pela informação, ouvi de minha fonte, bastante constrangida, que talvez os números "tardassem". Os relatórios haviam sido redigidos à mão e a datilógrafa encarregada de reproduzi-los com a máquina de escrever estava muito sobrecarregada.

Raras vezes a informação é abundante e acessível. Só recentemente, em 2002, o Instituto Brasileiro de Geografia e Estatística (IBGE) publicou a primeira edição do relatório "Indicadores de desenvolvimento sustentável do Brasil".

Obter informações sobre o comportamento das empresas é uma tarefa particularmente complicada, já que são bem poucos os estados que têm agências ambientais minimamente aparelhadas e alertas para acompanhar de perto as atividades corporativas.

Mesmo os órgãos fiscalizadores mais competentes muitas vezes pecam por não disporem de sistemas de documentação e divulgação suficientemente organizados. Nesses casos, o jornalista acaba sendo obrigado a limitar sua apuração a duas únicas fontes: a própria empresa e os grupos ambientalistas – ambos, é evidente, parciais em seus depoimentos.

Por fim, outro problema enfrentado pelo repórter que quer se especializar em meio ambiente é avaliar corretamente se um empreendimento é com efeito sustentável e se de fato seu impacto ambiental é baixo, algo difícil por melhores e mais fidedignas que sejam suas fontes. O motivo é que o conceito de sustentabilidade é um dos mais flexíveis de que já se teve notícia. O que é sustentabilidade?

A definição correntemente aceita foi proposta pela Comissão Mundial para o Meio Ambiente e o Desenvolvimento, mais conhecida como Comissão Brundtland, por ter sido coordenada pela então primeira-ministra norueguesa, Gro Harlem Brundtland. Formada pelas Nações Unidas nos anos oitenta, a comissão define o desenvolvimento sustentável como "aquele que atende às necessidades das presentes gerações sem comprometer a capacidade de as futuras gerações atenderem às suas próprias necessidades". Envolve, pois, um esforço para conservar a riqueza do planeta ao longo do tempo. Em termos práticos, compara-se o desenvolvimento sustentável a um tripé sobre o qual a sociedade deve se apoiar. Um tripé formado pelos interesses sociais, ambientais e econômicos que não se equilibra se uma dessas pernas for mais curta que as demais.

Essas definições são aplicadas com bastante flexibilidade quando se trata de avaliar o desempenho de um empreendimento. Em outras palavras, dependendo do ângulo que se observa, e com algum jeitinho, consegue-se acomodar qualquer negócio dentro desse conceito.

Em seu livro *Green, Inc.*, a jornalista britânica Frances Cairncross, durante anos editora de Meio Ambiente da revista *The Economist*, pergunta o que seria melhor, do ponto de vista ambiental: usar copos de plástico ou de faiança para servir cafezinhos? Em busca da resposta, o Ministério do Meio Ambiente da Holanda, um dos países que ocupam a dianteira em matéria de discussões ambientais no plano internacional, decidiu promover uma investigação completa sobre os impactos das duas alternativas, a fim de determinar qual deveria ser adotada nas repartições do governo. Seus técnicos estudaram exaustivamente a produção dos dois tipos de recipiente, bem como seu transporte e descarte após o uso. Avaliaram os gastos de energia, o impacto da obtenção das matérias-primas, os resíduos produzidos pelas respectivas indústrias.

O resultado foi um dossiê de 123 páginas, divulgado em 1992, no qual, surpreendentemente, concluem existir uma superioridade ecológica do copo de plástico sobre o conjunto de xícara e pires de faiança. Isso porque, maior, mais pesado e frágil, o conjunto xícara-pires era difícil de empilhar e exigia uma boa embalagem para transporte. Também ocupava mais espaço no caminhão, queimando petróleo. E o que dizer da água, do sabão e da energia utilizados para lavá-lo? Segundo os holandeses, se fosse ensaboada a cada cafezinho, a xícara teria de ser usada 1.800 vezes para que seu impacto fosse menor do que o de um copo de poliestireno. Se lavada com menos primor, bastaria usá-la algumas centenas de vezes. As conclusões desse estudo estão muito longe de conquistar a unanimidade. A maioria dos ambientalistas considera muito mais interessante utilizar materiais reutilizáveis, como a xícara, do que descartáveis, como o copo plástico, partindo do pressuposto de que é sempre melhor reutilizar do que reciclar. Mas o episódio mostra quanto é difícil fazer um juízo de valores sobre questões relativamente novas, como esta, que envolve toda uma análise sobre o ciclo de vida de cada produto – "do berço ao túmulo", como dizem os especialistas. Ou seja, da produção até o descarte.

Outro bom exemplo de como a sustentabilidade é um conceito altamente flexível foi oferecido pelo jornal britânico *Financial Times* e pela Bolsa de Valores de Londres. Em 2001, eles lançaram um conjunto de índices de ética empresarial, batizado de FTSE4GOOD com a finalidade de orientar investidores que buscam privilegiar empresas que têm uma responsabilidade social acima da média. As regras dos índices, voltados para os mercados britânico, europeu, norte-americano e global, são bastante simples. Elas descartam indústrias de armas e cigarros e empreendimentos nucleares. Também estabelecem padrões de conduta mínimos para que as corporações passem por seu crivo. Entre tais critérios está incluído o respeito aos direitos humanos, à comunidade, ao meio ambiente, aos clientes e funcionários.

A iniciativa, aparentemente irrepreensível, conseguiu irritar tanto o empresariado quanto as ONGs. Inúmeros empresários excluídos se sentiram injustiçados. Já as organizações não-governamentais protestaram por considerarem os índices propostos pelo *Financial Times* excessivamente inclusivos. Entre as primeiras empresas recomendadas pelo FTSE4GOOD estavam a gigante petroleira Shell, com atividades bastante controvertidas na Nigéria; e a indústria química AstraZeneca, que investe em transgênicos.

A pergunta é: se dezenas de técnicos contratados como analistas desses índices não encontram um critério universal de avaliação da sustentabilidade empresarial, como um jornalista, muito menos aparelhado, preparado e sustentado poderá separar o joio do trigo? Não existe, é evidente, a solução perfeita. E provavelmente não haverá por muitos anos, até que o conhecimento a esse respeito se consolide e os modelos hoje recomendados sejam praticados por tempo suficiente para observar sua eficiência e seus possíveis efeitos colaterais.

Enquanto isso, é fundamental que os jornalistas cubram os temas ambientais sistematicamente; que estudem, apurem à exaustão e falem com o maior número possível de pessoas, a fim de avançar ao máximo na discussão. Mais que isso, é importante lutar para que as redações abandonem de uma vez mitos ultrapassados e reducionistas. Meio ambiente tem, sim, relação com todas as esferas da sociedade e deve ser coberto à altura das complexas demandas de nosso tempo.

Referências bibliográficas

BARBIERI, José Carlos. *Desenvolvimento e meio ambiente*. Petrópolis: Vozes, 1997.

CAIRNCROSS, Frances. *Green, Inc.* Washington D. C.: Island Press, 1995.

IBGE. *Indicadores de desenvolvimento sustentável*. Brasil, 2002.

NOVAES, Washington. *A década do impasse*. São Paulo: Estação Liberdade, 2002.

Sites de referência

Compromisso Empresarial para Reciclagem – Cempre
http://www.cempre.org.br/

Forest Stewardship Council – FSC
http://www.fscoax.org e http://www.fsc.org.br

Instituto Biodinâmico – IBD
http://www.ibd.com.br/

International Organization for Standardization – ISO
http://www.iso.ch

Organização Mundial do Turismo
http://www.world-tourism.org/sustainable/IYE-Main-Menu.htm

The Ecotourism Society
http://www.ecotourism.org

Perceber a biodiversidade

*Jornalismo e ecossistemas parecem
(mas não são) elos perdidos*

EDUARDO GERAQUE*

A exuberância ambiental do Brasil está presente em todos os lugares. Quando o jornalismo quiser encontrar a biodiversidade, o ambiente físico não vai ter muita importância. Um passeio por sistemas ecológicos como manguezais, floresta amazônica, mata atlântica ou recifes de corais pode ser um bom exercício. É por meio de sistemas ecológicos como estes que descobriremos o "elo perdido" entre o jornalismo e a biodiversidade.

Para que a mídia possa cumprir uma de suas funções dentro do jornalismo ambiental, que é a de enxergar o problema com todas as suas

---

* Jornalista e biólogo. Mestre em Oceanografia Biológica pelo Instituto Oceanográfico da Universidade de São Paulo, cursa atualmente o doutorado, na mesma universidade, pelo Programa de Pós-Graduação em Integração da América Latina (Prolam). Seu tema de pesquisa é jornalismo e meio ambiente. Há dez anos trabalha com o jornalismo. Passou pelas redações do *Diário Popular* (hoje *Diário de S.Paulo*) e pela *Gazeta Mercantil*, caderno "Fim de semana". É editor da Agência de Notícias *on-line* da Fundação de Amparo à Pesquisa do Estado de São Paulo (Fapesp).

nuanças e transversalidades, para depois exigir dos responsáveis algum tipo de solução, não basta apenas uma ou duas ligações telefônicas. Faz parte do ofício, também, mergulhar no assunto. Entrar na espiral de relações que a natureza oferece. Na teia de significações. Na história humana. No povo ribeirinho. Nos grandes empresários.

Para que essas aproximações tomem seu curso e não sejam retificadas como ocorre com o leito de vários rios brasileiros, com prejuízo para o meio ambiente, é preciso que o lado de lá do jornalismo, ou seja, o lado do receptor das informações, forme uma massa cada vez mais crítica sobre o assunto. O público, por mais heterogêneo que seja, precisa também enxergar algumas relações para, então, exigir, cobrar e fazer que o nível dos conteúdos jornalísticos se eleve.

Vamos então começar nosso passeio por alguns ambientes ecológicos, fazer a desconstrução de determinadas relações complexas. Isso vai fazer que apareçam fortes indicativos. Os caminhos transformadores do jornalismo ambiental, com base no exercício que se inicia aqui, surgirão até com certa naturalidade. Depois esse caminho deverá ser pavimentado. Não com concreto ou asfalto, como muitos gostariam de cobrir até a Amazônia, mas com instrumentos do mundo das idéias. O cerne da questão ambiental, e de como o jornalismo enxerga o problema, passa pelo preenchimento que existe hoje desse hiato entre o mundo vivo e aquele pedaço de mundo recortado para a página do jornal ou a tela da TV.

Mergulho na lama

A evolução dos sistemas ecológicos tem apresentado aos cientistas infinitos questionamentos. Grande parte deles, ao longo das décadas, foi fundamental para o avanço dos paradigmas científicos. Quando a ciência questiona a vida, as contradições do mundo ambiental emergem com mais força. A simplificação rasa, freqüente na imprensa, não ajuda a desvendar os problemas ambientais. Qual o caminho, então? O caminho é mergulhar na complexidade, nas várias facetas que a biodiversidade tem e de como elas podem ser capturadas pelo jornalismo no século XXI.

O que dizer de um ecossistema visualmente repulsivo, como um mangue, que só pode ser encontrado, em sua quase totalidade, entre os trópicos de Câncer e de Capricórnio? Um ambiente esquecido pela maioria dos homens, mas ao mesmo tempo vital para a biodiversidade marinha. Em termos de área, os mangues cobrem apenas 162 mil km^2 da superfície da Terra, contra seis milhões de km^2 da floresta amazônica, exemplo contundente de biodiversidade, como os recifes de corais espalhados pelos oceanos tropicais do planeta.

Os manguezais, aparentemente hostis aos menos avisados, são um dos ecossistemas mais importantes para a vida. É exatamente por ele que vamos passear primeiro. Ele é um dos centros nevrálgicos da ecologia, irradiador de organismos de vários grupos que nasceram ali ou estão apenas em busca de abrigo ou de alimento durante algum momento da vida. A rotina nesses ambientes – sempre associados com cheiro de "ovo podre" (por causa da alta concentração de sulfeto de hidrogênio presente no sedimento) ou com lama constante (devido à alta concentração de grãos muito finos segundo a escala granulométrica) – seria, em uma análise superficial, incompatível com a vida.

Mesmo com esse quadro aparentemente sombrio e triste – semelhante às pinturas do artista espanhol Diego Velázquez (1599-1660) em uma das fases de sua vida – não existiria grande parte da biodiversidade marinha se não fossem os manguezais. Esse ecossistema apresenta correlações ecológicas estupendas, e as reportagens ambientais publicadas sobre o tema biodiversidade deveriam apresentá-las. Na maioria das vezes, prevalece a dialética simplista, em detrimento da teia ecológica de possibilidades que existe sobre o problema investigado.

Dentro do manguezal – o termo "mangue" faz referência apenas aos representantes da flora deste ecossistema –, uma verdadeira revolução ambiental ocorre duas vezes ao dia. O ciclo das marés, quando oscila, de um lado leva para dentro dos manguezais espalhados pelo mundo água salgada e, de outro, carrega para outros ecossistemas adjacentes uma abundante concentração de matéria orgânica.

Existem várias espécies de plantas que, após desenvolverem um eficiente sistema de adaptação ao ambiente oscilante, se fixaram nessas regiões costeiras de transição entre o mar e a terra. Elas fazem parte da chamada diversidade biológica dos manguezais. Apesar das condições físicas sempre mutantes, assim como ocorre nas ciências de forma geral, vivem nesses locais os gêneros *Rhizophora* (também denominado mangue vermelho ou verdadeiro), *Avicennia*, *Laguncularia* (mangue branco) e *Conocarpus*, chamado ainda de mangue botão.

Claro que a vida não se resume a esses representantes dentro do manguezal. E as macro e microalgas? E os líquens? E as epífitas, espécies de plantas que, para resolver as contradições ditadas pelo ambiente, se utilizam dos troncos de outras árvores para se fixar? Todos estão lá, assim como as bactérias e os fungos que vivem entre os grãos de areia, no solo quase movediço do ambiente.

Também em termos ambientais, e mais ainda em termos socioeconômicos, a cidade de Cananéia, localizada no litoral sul do estado de São Paulo, próximo à divisa com o Paraná, é atravessada por contradições, assim como nos manguezais. Inserta no Vale do Ribeira, a parte mais pobre do estado de São Paulo, Cananéia apenas consegue olhar melhor o horizonte quando, por mais óbvio que possa parecer, a população se vira para o mar e sente a brisa, a biodiversidade presente em seu quintal. É a teia de relações que se abre ainda mais. Depois de um sistema ecológico puro, tem-se, no contexto agora presente, populações humanas e uma região pobre, dentro do estado mais rico do Brasil. Nenhum destes assuntos, e dessas relações, pode estar fora do escopo da imprensa.

O Complexo Estuarino Lagunar de Cananéia-Iguape é a região paulista com mais áreas de Mata Atlântica preservada. Quando se registra que apenas 7,3% do 1,119 milhão de km^2 desse ecossistema ainda está preservado no Brasil, pode-se perceber o peso ambiental que existe naquela área litorânea: caranguejos, siris, moluscos e peixes em grandes quantidades e numerosas espécies. A produção de matéria orgânica no sul de São Paulo também é alta, porque lá é grande a ocorrência do ecossistema manguezal, em comparação com as demais regiões do litoral de São Paulo. A fartura já foi maior, como a biodiversidade já foi mais diversa.

A fauna de um manguezal não se resume apenas aos caranguejos e aos peixes. A começar pelos exemplares microscópicos, os habitantes do mangue também passam pelo grupo das aves, mamíferos e até répteis e anfíbios. Os crustáceos não estão apenas presentes pela ocorrência de caranguejos. Os camarões são encontrados em grandes quantidades, e esse fato abre por si só uma contradição mais especial e perigosa.

O ciclo de vida dos camarões não se desenrola totalmente dentro de um manguezal. A nova geração, nascida dos adultos que migraram do alto-mar, apenas cresce perto da costa. É mais abrigado, mais seguro. Após passar pelos estágios larval e juvenil é que eles voltam para o oceano. O camarão, dentro do manguezal, é apenas uma das espécies que apresentam esse comportamento.

A definição clássica do termo "diversidade biológica" está presente no segundo artigo da Convenção sobre Diversidade Biológica aprovada durante a Rio-92. O texto, que o Brasil foi o primeiro a assinar, em 1994, define esse importante conceito como "a variabilidade entre organismos vivos de todas as origens, compreendendo, dentre outros, os ecossistemas terrestres, marinhos e outros ecossistemas aquáticos e os complexos ecológicos de que fazem parte; compreendendo ainda a diversidade dentro de espécies, entre espécies e de ecossistemas".

Enquanto até os anos oitenta a biodiversidade fazia referência apenas ao conjunto, à diversidade de espécies em determinado ambiente ecológico, nas últimas duas décadas a configuração dessas definições mudou. Primeiro, o termo passou a englobar a diversidade genética e também a riqueza de espécies. Hoje, a palavra "biodiversidade" abrange, fora a genética (dentro das espécies), a diversidade específica (entre as espécies) e a diversidade ecológica (entre as comunidades e os ecossistemas).

Além do camarão, várias espécies de peixes usam o manguezal em apenas alguma parte dos ciclos de sua vida. A diversidade biológica *stricto sensu* existe por intermédio de sardinhas, tainhas, robalos, anchovas, bagres, linguados e vários outros. São peixes que desovam nas regiões costeiras entre a terra e o mar e crescem nessas áreas antes de sair rumo à linha do horizonte. Quase todas as espécies apresentam interesse comercial.

Em termos geográficos, o diversificado berçário natural representado pelos manguezais se estende, dentro do Brasil, desde o extremo norte do litoral verde-amarelo até a cidade de Laguna, ao sul de Florianópolis, na costa catarinense. Na luta pela sobrevivência desses ambientes estão pesquisadores e ambientalistas. Do outro lado, na ponta oposta da corda cada vez mais esticada, ficam alguns exploradores imobiliários e as fazendas de criação de camarão que muitas vezes fazem crescer o crustáceo, mas não preservam seu ambiente natural. No meio do puxa-puxa da disputa, pescadores e comunidades ribeirinhas.

Em Cananéia, Vitória (ES) ou no Nordeste os homens ainda vão para o manguezal pegar caranguejo. Por causa de conflitos ainda maiores e cada vez mais interligados em uma grande rede, nem sempre eles voltam para casa com caranguejos. Mais uma vez, o problema ambiental, o problema da preservação da biodiversidade – e, nesse caso, o problema existe em todos os ecossistemas e não apenas nos manguezais – está atravessado por uma série de abordagens possíveis. O pano de fundo para situar o papel da imprensa, objetivo deste artigo, está ficando cada vez mais "colorido".

O mundo cheiroso de Zé Maiado

A sabedoria não emerge da erudição apenas. Tampouco os grandes pesquisadores da área ousariam desafiar os sábios para um diálogo sobre as marés ou o conhecimento dos manguezais. O aprendizado é calcado no empirismo, no contato diário com a natureza, no cheiro do ambiente, nas influências da fase da Lua, na oscilação das ondas e na força dos ventos. A etnologia dos caranguejeiros dos manguezais de Vitória (ES), por exemplo, não nos mostra apenas os costumes tradicionais de uma das comunidades que lutam para não ser soterradas pelo progresso duvidoso.

Nos últimos vinte anos, o manguezal virou refém da explosão demográfica e, entre outros fatores de risco, ficou exposto à poluição ambiental. Sobreviver exclusivamente do caranguejo se tornou humanamente impossível. Na mesma medida em que se sentem familiarizados com o funcionamento do manguezal, os caranguejeiros também conhecem os graves problemas do ambiente que os cerca. Por isso trataram de se organizar para reagir e sobreviver.

"Estamos tentando remar contra o vento, que bate forte no peito", gostam de dizer os caranguejeiros de Vitória.

Em 1998 eles resolveram se organizar em uma associação, incentivados por pesquisadores da Universidade Federal do Espírito Santo (Ufes), para defender seus interesses, que, necessariamente, passam pela preservação do manguezal. Viver da fauna associada ao mangue, pelo menos lá, deixou de ser um sonho escrito na areia e apagado pela maré.

Para seu Zé Maiado, ou José Schimidel de Oliveira, segundo seu registro de nascimento, as coisas voltaram a melhorar nos últimos dois anos. Enquanto conversávamos, no início da primavera do ano 2000, dentro de uma canoa ao lado do manguezal, fomos interrompidos. Ali perto, o barulho da decolagem de um *Boeing* no Aeroporto Eurico Salles, o principal do estado do Espírito Santo, é um claro sinal dos tempos. Para Zé Maiado, a invasão do mangue tem sido terrível.

As pressões são variadas. O crescimento da cidade exerce uma tensão quase definitiva sobre o espaço físico daquele ecossistema. O aumento da miséria nas grandes cidades brasileiras, Vitória entre elas, faz que os desempregados resolvam tentar a sorte com a pesca ou com a captura de caranguejos. Os invasores costumam usar técnicas predatórias. Afinal, eles não têm uma relação muito íntima com o local. Uma das ferramentas usadas por eles é a famosa redinha, armadilha confeccionada com fibras de plástico retiradas dos sacos de ráfia (palmeira de origem africana que dá boa fibra). Mesmo os caranguejos jovens e as fêmeas "ovadas" são levados embora.

Zé Maiado, um dos sábios do manguezal de Vitória devido à sua reconhecida habilidade com os remos e à arte da pesca, não nasceu na capital capixaba. Seria mais um intruso? Ele e grande parte de seus companheiros vieram de outras paragens. Não apenas do próprio estado, mas de Minas Gerais e até do Nordeste. Em três décadas habitando a região, tiveram tempo suficiente para construir grande afeição por aquele manguezal. No sempre caótico desenvolvimento brasileiro, os caranguejeiros de Vitória podem ser classificados como uma comunidade "neotradicional": não é nativa, mas usa técnicas artesanais de pesca e captura.

O esforço grande terá de ser ainda maior. A devastação do ecossistema tem causado muitos prejuízos. O número de caranguejos vendidos no fim do dia é bem menor do que no passado. Esse problema prático cria uma grande encruzilhada: usar técnicas predatórias, abandonar a região ou encarar o vento. O último grupo ainda é o maior na comunidade de Zé Maiado, que também trabalhava como segurança de um forró na periferia de Vitória em 2000.

Para se adequar aos novos tempos, o contato com o pessoal da universidade provocou uma mudança importante no comportamento da comunidade ribeirinha. Eles não vão mais catar caranguejos durante as "andadas". Durante cinco dias por mês, entre janeiro e abril (no caso do Brasil), os machos e as fêmeas deixam as tocas para a reprodução. Antes da primeira "andada" do ano, os caranguejos costumam espumar, sinalizando o cio. "O cheiro do mangue fica muito bom", diz Zé Maiado.

O processo é deflagrado pela primeira lua do ano e tem um papel fundamental na sobrevivência daquela população de crustáceos.

"O mangue fica forrado de caranguejos", conta Zé Maiado, sentado na canoa, com os olhos cheios de brilho. "Sei a hora exata que eles vão começar a andar".

A história do manguezal de Vitória, infelizmente, não é única. O desenvolvimento acelerado da região, que teve um salto populacional de 45.212 habitantes em 1940 para 207.560 em 1980, coloca a capital capixaba com um problema semelhante ao de São Paulo, por exemplo. As duas cidades, nas próximas três décadas, terão um problema crítico de falta de água potável. Contudo, apesar de ainda ter uma relação direta com a questão da biodiversidade, o fato apresenta outro conjunto de relações com características próprias.

Na espiral da ciência, Cananéia, Vitória, os manguezais que lá existem, os peixes, os caranguejos e os pescadores são apenas minúsculos dentes de uma gigantesca engrenagem. A biodiversidade está presente em todos esses nós, bem como em muitos outros lugares. Na Amazônia, nos corais em alto-mar ou no quase totalmente destruído cerrado brasileiro.

Para reconstruirmos a biodiversidade e percebermos a falta de nexo entre o problema e a abordagem na chamada grande imprensa – com algumas exceções em extensas reportagens ou cadernos especiais, também estes praticamente em extinção – precisamos navegar um pouco mais. Então, vamos rumo à desconstrução da diversidade biológica. Entender suas ramificações, suas relações com seu interior e também com o exterior. Este é um exercício essencial. O caminho é espiralado, complexo, mas fascinante.

A teia oculta

Delimitar o tema da reportagem é uma ferramenta bastante eficaz para que o jornalista formule um conteúdo informativo (ou interpretativo) consistente. O primeiro passo é imergir no conhecimento da própria biodiversidade em seu estado puro. O grupo de trabalho (GT) formado pela Convenção sobre Diversidade Biológica divulgou em 2001 estatísticas que jamais podem ser deixadas no limbo.

A matemática às vezes tem grande importância. "Será que Deus era matemático?", perguntou Alan Touring, cientista inglês que durante a Segunda Guerra Mundial conseguiu decifrar o código secreto de comunicação dos nazistas. O mundo das idéias, das grandes descobertas, jamais deixa de permanecer atrelado ao mundo vivo, ao sistema que está ditando as regras do jogo. O mesmo ocorre com as estatísticas, desde que bem situadas.

Pelos cálculos da Convenção, o mundo tem hoje um total de 1,774 milhão de espécies descritas, divididas nos cinco reinos: Bactéria (quatro mil), Protista (80 mil), Animal (1,32 milhão), Fungos (70 mil) e Vegetal (270 mil). Não se trata apenas de matemática pura, de números frios. A quantidade de espécies conhecidas no planeta Terra está incrivelmente distante do número de espécies estimadas, também pelo secretariado da Convenção, para o mesmo planeta.

Haveria em todo o mundo 14 milhões de espécies. Como dificilmente o conhecimento se desvincula de interesses econômicos ou políticos, algumas dessas espécies jamais serão conhecidas. Ou elas serão destruídas antes de ser estudadas, por motivos muitas vezes explicáveis, ou serão simplesmente ignoradas. A única possibilidade de salvação seria que alguém, ligado ao poder econômico ou político, se interessasse por aquilo. Basta olhar para o cerrado ou para a Mata Atlântica. Esses dois ecossistemas brasileiros tiveram, em momentos históricos diferentes, o destino de ser explorados antes que a "consciência ambiental" se manifestasse entre os humanos.

A biodiversidade não tem importância apenas pela riqueza implícita em sua definição. Esse conceito palpável, e real, apresenta implicações em vários campos, até no diplomático e no cultural, para ficar apenas em duas áreas quase sempre esquecidas. Não se trata de defender apenas o mico-leão-dourado, as baleias ou a ararinha-azul. A bandeira, que quase sempre fica enrolada sob as axilas, é pelas gerações presentes e futuras. Pela sobrevivência pura e simples da(s) espécie(s). Como costumam perguntar os índios: nós herdamos o mundo de nossos antepassados ou apenas o tomamos emprestado das futuras gerações?

Na era da comunicação e do capital digital, valorar os ambientes ecológicos é uma forma segura de que todos entendam do que se trata. A linguagem dos números, dos dólares, é bem-vinda, apesar de se encerrar em uma contradição. Em 1997, um trabalho robusto organizado por um grupo de acadêmicos saiu nas páginas da prestigiosa revista científica *Nature*. Os pesquisadores se reuniram para tentar dar valor aos serviços oferecidos pelos ecossistemas da Terra. A conta chegou aos 33 trilhões de dólares.

A valoração ecológica revela uma relação ainda mais perversa. Conforme aumentam as agressões e a interferência humana, o preço dos serviços fica cada vez mais alto. Em 2003, já se podem colocar mais alguns milhões de dólares na conta feita pelos cientistas em 1997. Atenção: o Produto Interno Bruto (PIB) mundial é estimado em algum valor próximo dos vinte trilhões de dólares. Não dá, portanto, nem para pagar essa estratosférica conta.

A relação existente entre o valor final do cálculo feito pelos cientistas e a importância da biodiversidade é diretamente proporcional. Em um manguezal, por exemplo, é possível perceber o potencial de vida que está inserto ali. A teia ecológica marinha não sobrevive sem a preservação desse ecossistema. Quando a espiral se abre, aparecem os pescadores e as comunidades ribeirinhas em geral, que muitas vezes tiram seu sustento de lá, do meio da lama. Mais: as aves migratórias, que costumam atravessar latitudes e mais latitudes todos os anos, também se utilizam do manguezal, pelo menos enquanto ele existir.

Quando as conexões chegam até o ser humano das grandes cidades – ou pelo menos até a filosofia do crescer, crescer e crescer a qualquer preço, pensamento ainda muito forte nesses locais desde a ditadura militar –, a situação se altera. Fica ainda mais drástica. Derramamento de petróleo, assoreamentos, derrubada de matas. O quadro retratado pela imprensa quase sempre é este. Mas tudo acaba alguns dias depois da tragédia.

Nem sempre as verdadeiras causas ou as reais conseqüências são bem transmitidas ao público em geral; e os bastidores do cotidiano ambiental nem sempre são conhecidos do grande público, pelo menos do público diretamente interessado no assunto. Eis um ponto em que a percepção da biodiversidade precisa ganhar cores e matizes.

A questão humana nos manguezais, e em relação à biodiversidade, apresenta outras facetas, geralmente desconsideradas, mas igualmente importantes. Mesmo porque os poucos que conhecem isso, leiam-se também empresas, quase sempre acabam aproveitando tudo apenas para si. As plantas medicinais desconhecidas do homem branco estão no manguezal. A cura para uma doença também pode encontrar-se ali. Sem contar a quantidade infinita de matérias-primas que podem, de forma oculta, estar presentes em um ambiente como aquele. Decidido! O manguezal é um excelente local para ser totalmente explorado!

O dilema que se abre costuma passar despercebido pelas páginas de jornais, emissoras de rádio e telas de TV. De modo geral, ele está presente apenas na mídia alternativa: rádios comunitárias (que não são piratas, como se costuma pensar), jornais de pequena circulação que nem conseguem manter uma periodicidade (por si só isso impede que sejam considerados um veículo de comunicação) ou *sites* esquecidos em alguma ponta da nossa intangível Internet.

O manguezal e toda a sua rica diversidade biológica têm mais importância para satisfazer às necessidades humanas imediatas ou para garantir o equilíbrio e a sobrevivência de futuras gerações de todas – incluindo o ser humano – as espécies animais e vegetais? O termo "desenvolvimento sustentável", muito em moda desde a reunião sobre meio ambiente realizada no Rio de Janeiro em 1992, a Eco-92, já existe. Mas apenas no papel, por enquanto. Na prática, esse conceito, que significa crescer sem que os recursos naturais sejam explorados até a exaustão, merece um adendo importante. Desenvolvimento sustentável para quem?

Um produto medicinal que seja descoberto num molusco ou num gênero vegetal, dentro de um manguezal, deverá ter necessariamente uma patente. Essa é a regra do jogo. Em alguns casos, esse estudo pode ser feito, de forma lícita ou não, fora do país em que foi feita a pesquisa. Pela legislação, o manguezal é uma área que pertence a todos, apesar de no litoral brasileiro essas áreas terem quase sempre um dono, quando não dois, três... A bioprospecção é uma atividade importante para a sociedade, mas ao mesmo tempo está sujeita à biopirataria.

Vale perdido na mata

O momento é de voltar ao Vale do Ribeira, a última região do estado de São Paulo com áreas contínuas de Mata Atlântica. As relações entre meio ambiente, biodiversidade, sociedade e imprensa vão ficar agora ainda mais emocionantes. O sistema de produção e distribuição das plantas medicinais na região pode incluir até onze atores. A lista inclui extratores, produtores, farmácias de manipulação, lojas e supermercados, intermediários, atacadistas, indústrias farmacêuticas, laboratórios, casas de umbanda e feiras livres, mercado externo e consumidor final. Em alguns casos – conforme mostra um estudo desenvolvido pela Faculdade de Saúde Pública da Universidade de São Paulo, realizado em 2000 e assinado pela cientista Gemina Cirilo Cabral Born – é fácil observar que o extrator pode ser ainda o próprio produtor das ervas medicinais.

A questão internacional ainda precisa ser contextualizada. A pressão, por causa da exportação, de países como Japão, Estados Unidos e Alemanha, é um dos motivos que contribuem para a destruição da biodiversidade do sul do estado de São Paulo. Outro fator que coopera está dentro da própria Mata Atlântica, entre os moradores locais. A falta de capacitação dos denominados mateiros, os responsáveis pela extração das plantas, acaba impedindo que o chamado desenvolvimento sustentável seja implantado no local.

O mercado brasileiro de plantas medicinais, na virada do século, cresceu a uma média de 20% ao ano. Como ele ainda é muito incipiente – tanto em relação aos demais mercados externos quanto a seu potencial interno –, não se trata de uma previsão, mas apenas de uma constatação. A pressão, nas próximas décadas, vai só aumentar. O contexto dos números serve para dar mais sustentação à importância que as plantas medicinais têm. Em 1985, o mercado de medicamentos elaborados com representantes do reino vegetal movimentou 43 bilhões de dólares. Naquele mesmo período, quando a globalização tal qual a conhecemos hoje apenas dava seus primeiros passos, o mercado de medicamentos produziu 90 bilhões de dólares. Apenas um pouco menos do que o dobro do que as plantas medicinais arrecadaram para seus donos.

Que trilha deve seguir a imprensa com respeito a esse grave problema, que também ocorre no sul da Bahia, outro local importante de reserva de Mata Atlântica, na floresta amazônica e em outros ecossistemas não apenas nacionais? Informar, claro. Mas também enxergar todas as correlações, cobrar do poder público, do terceiro setor e da própria sociedade civil como um todo. Vários cientistas têm feito sua parte, mergulhando nas matas do Vale do Ribeira e tentando entender como o processo se dá.

Assim, revelaram informações, por exemplo, sobre quem são os extratores de plantas medicinais. Eles são vítimas ou responsáveis pela destruição da biodiversidade local? Uma amostragem simples feita na região em 2000 mostrou que essas pessoas viviam com uma renda familiar entre trezentos e dois mil reais. Tinham entre 40 e 50 anos e, em sua quase totalidade, não haviam passado do curso primário. O quadro mudou para pior. A discrepância com os bilhões de dólares citados é evidente.

Os extratores são partes inerentes do sistema. Eles tentam viver dele e não poderão ser simplesmente excluídos (mais do que já têm sido) da questão. Cientistas que trabalham na região também pensam assim. Uma maneira de relacionar a engrenagem local com a global, e que está sendo colocada em prática, seria desenvolver uma forma científica de retirar o material da mata. Ao mesmo tempo, esse novo método teria de ser de fácil entendimento para os que vão lá, direto na fonte. Em vez do trilho, a imprensa terá de seguir por um labirinto de fios ora conectados, ora desconectados.

Falar a mesma língua sempre foi, e sempre será, a única forma possível de comunicação. A partir dos mesmos nomes e conceitos será mais tranqüilo desenvolver o chamado manejo sustentável da floresta. O que, como e quanto retirar de plantas medicinais de um mesmo local são perguntas básicas e fundamentais. Se forem bem respondidas, todos ganham. Desde o mateiro até a grande indústria farmacêutica. O melhor de tudo é que a grande beneficiária será a própria biodiversidade, o próprio ecossistema. No Brasil, existe um catálogo com mais de 150 mil plantas identificadas. Desse total, 20% teriam efeitos medicinais. Entretanto, como cinqüenta mil ainda nem foram estudadas, resta saber se haverá amostras desse grupo para os cientistas trabalharem nas próximas décadas.

O problema é mesmo multicausal, complexo. A mídia, por uma série de problemas que vão desde infra-estrutura, recursos humanos ou boa vontade filosófica, prefere ficar de fora. Prefere olhar o problema de longe. E olha, mas ainda assim não enxerga. Todo jornalismo é investigativo por natureza. Todo repórter é repórter, sem necessidade de um adjetivo depois do substantivo – esportivo, ambiental, científico, político etc. As ações no Vale do Ribeira não são peças de retórica, apesar de o poder medicinal das plantas ser conhecido desde os tempos de Aristóteles (384-322 a.C.).

O que os exemplos aqui levantados – do manguezal ou da Mata Atlântica – nos mostram é que a biodiversidade não é um conceito hipotético, evasivo, que interessa apenas aos "ecochatos" de plantão. Com base na importância da diversidade biológica e ecológica, que não apenas garante o sucesso da evolução da Terra, mas também pode ajudar o ser humano a superar vários obstáculos, como doenças até agora incuráveis, torna-se mais fácil o caminho daqueles que pelo menos querem enxergar o assunto.

A imprensa brasileira e mundial ainda não despertou para o jornalismo ambiental. Uma cobertura recorrente, aprofundada e multifacetada praticamente inexiste. Há poucas exceções, e elas em geral aparecem em cadernos especiais de jornais ou em reportagens de revistas especializadas. Não significa de maneira nenhuma que faltam profissionais interessados ou preparados para discutir e abordar a biodiversidade em toda a sua complexidade. O que ocorre é que os bons profissionais não encontram eco (não foi um trocadilho!) dentro nem fora de seu ambiente de trabalho.

Falta, por exemplo, um campo que poderia (ou deveria) ser chamado de *filosofia do jornalismo ambiental*, como existe o campo da filosofia da ciência. O público, apesar de ter aumentado muito nos últimos dez anos, continua tímido e mais interessado em política, economia, cultura, esportes e outros assuntos. Será que o meio ambiente não está de alguma forma interligado a todos esses temas?

Globalização oceânica

As novas necessidades econômicas das grandes potências e o desenvolvimento tecnológico acelerado tornaram a globalização um fenômeno irreversível. Mas ela não pode passar ao largo da questão ambiental e muito menos do jornalismo. O melhor exemplo para explicitar essa ligação está no fundo dos mares, mas não em grandes profundidades. Está em águas rasas. Em regiões tropicais, onde a transparência da água e a temperatura sempre elevada são freqüentes, forma-se o ambiente ideal para a proliferação de colônias de microrganismos que secretam esqueletos calcários durante a vida. Eis mais um ambiente no planeta Terra onde uma biodiversidade exuberante se faz presente.

Os recifes de corais são ecossistemas localizados em águas rasas dos oceanos que exibem a maior diversidade biológica do planeta. Apesar de restritos aos mares tropicais, devido às condições ambientais necessárias para a proliferação desses organismos, esse ecossistema está presente em um sexto das regiões costeiras de todo o mundo. Um recife de coral também abriga milhares de espécies de plantas e animais, como peixes e crustáceos. O exercício de desenrolar um globo terrestre e colocá-lo sobre uma mesa, como se fosse um plano, pode ser útil para que se entenda a localização dos corais. Da costa oeste da África, passando (no sentido oeste) pelo Caribe e Nordeste do Brasil, até chegar ao Pacífico e ao Índico, haverá ambientes coralinos para estudos.

Desde que a humanidade começou a surgir sobre a face da Terra, os corais têm sofrido agressões. A globalização, ou a era industrial, acelerou o processo. No início do século XXI, quase 60% dos corais do mundo já sofreram, em maior ou menor grau, algum tipo de agressão ambiental. Como os pesquisadores também já sabem que grande parte

Perceber a biodiversidade

das espécies que vivem em corais apresenta um alto grau de endemismo (vivem em áreas geográficas restritas), essa poluição mundial que afeta os oceanos e os corais pode ter um impacto grandioso na biodiversidade marinha. A destruição de uma pequena parcela de um coral, na costa da Austrália, por exemplo, pode significar a perda de várias espécies que viviam somente naquele local. Mas as conseqüências da retirada dessa pequena engrenagem "australiana" terá conseqüências globais.

O papel da imprensa pode ser resumido em dois pontos básicos, por mais desgastados que possam parecer: investigar e cobrar, sempre tendo como objetivo falar para a sociedade como um todo, ainda que boa parte dela, principalmente nos países abaixo da linha do Equador, não seja capaz nem de ler.

Destruir os corais, a biodiversidade marinha, é uma ação que beneficia a humanidade? Vai melhorar a vida da maioria das pessoas? Se a resposta for negativa, então cabe aos jornalistas assumir seu papel. Mostrar onde, quando e por que as coisas aconteceram. Além do próprio jornalismo, quem mais está se omitindo? Os atores envolvidos já são conhecidos. Governo, sociedade civil organizada e entidades internacionais. Mas falta fazer as perguntas certas no momento certo.

Cumprir um papel diário, dentro do jornalismo, não significa ser panfletário ou "verde". Essa, com certeza, não é a missão que cabe aos jornalistas ambientais. Exercer uma função pública, mesmo dentro de empresas privadas, requer criatividade, noções básicas de como a natureza opera seus padrões. Desnecessário mencionar de novo as questões mais cotidianas, como falta de tempo, equipes reduzidas e outros pontos indigestos que sempre complicam o exercício do jornalismo.

Na era da informação e da globalização, o jornalista é o primeiro que não pode se sentir sufocado ou perdido. Aqui se tem uma contradição às avessas, absolutamente fundamental. Que os teóricos da comunicação se manifestem: as tecnologias vieram à tona para transformar, facilitar os processos comunicacionais de maneira geral. Mas as tecnologias também distanciam, dispersam, desfocam os temas multifacetados. E as questões ambientais, como todas as outras, são multifacetadas.

Dona Benta Martins

Todas essas intrincadas relações se revelam, de forma muito maior, em outro ambiente de absoluta exuberância. Não é no manguezal, nem na Mata Atlântica nem nos recifes de coral. É na floresta amazônica que a relação biodiversidade e imprensa estará mais à prova nos próximos anos. A preservação da diversidade biológica e ecológica da Amazônia brasileira passa por uma série de etapas. O jogo de interesses é internacional. As tensões e as pressões são enormes. Tudo está para ser feito, tudo está para acontecer ainda em termos amazônicos, inclusive para a imprensa.

Enquanto de um lado todos discutem uma saída para que a floresta sobreviva, de outro novas pressões antrópicas estão chegando. Elas estão representadas na expansão das áreas cultivadas com soja, nas madeireiras nacionais e estrangeiras. Em meio a tudo isso, oásis amazônicos começam a se fortalecer. Alguns deles, justiça seja feita, são apresentados de vez em quando pela imprensa. Eles estão em lugares como o Acre – e, nesse caso, a figura de Chico Mendes ainda tem muito a contribuir – e em regiões amazonenses como a Reserva de Desenvolvimento Sustentável de Mamirauá, que nasceu pelo ideal do biólogo Márcio Ayres.

Ayres estudava macacos. Como o raro uacari-branco vivia restrito em uma região próxima à cidade de Tefé, no interior da Amazônia, ele resolveu que aquela região seria preservada. A boa história que se passa dentro da reserva, e merece ser cada vez mais contada pela imprensa, é que Mamirauá não expulsou as populações ribeirinhas de onde elas viviam por várias décadas.

A reserva é uma larga região no médio rio Solimões, onde vivem, segundo dados do ano 2000, 6.024 ribeirinhos pertencentes a 60 comunidades. Nesta que é a única reserva habitada da floresta, a comunidade mantém de forma sustentável 1,124 milhão de hectares, área correspondente a um milhão de campos de futebol.

A experiência, inédita, concretiza o que era somente um ideal no Brasil: a preservação ambiental aliada ao desenvolvimento social. Ao

Perceber a biodiversidade

contrário de outros modelos, este não expulsou as famílias habitantes da região – 295 desde que o projeto foi iniciado em 1993. A população de Mamirauá responde muito bem à iniciativa, capitaneada, no Brasil, pelo Ministério de Ciência e Tecnologia e pelo Ibama.

Nascida em 1954 em Vila Alencar, uma comunidade de 23 famílias e 134 pessoas encravada em algum lugar do médio Solimões, dona Benta Martins é a líder das mulheres locais. Seu cotidiano é ir à floresta buscar matéria-prima para, na volta, montar peças de artesanato.

"Não tenho vontade de ir embora. A vida aqui é muito boa".

Ela conhece apenas as cidades de Tefé, a uma hora e meia de "voadeira" dali, e de Manaus, a que se chega após dois dias de barco descendo o Solimões. Depois de uma rápida parada na capital do estado, dona Benta Martins não hesitou em voltar à Vila Alencar. Miséria ali não existe. Água, apenas da chuva ou do rio. Telefone, um único orelhão que funciona com vontade própria. TV, apenas por algumas horas à noite, em razão do preço do óleo diesel que alimenta o gerador da comunidade. Uma minoria tem antena parabólica.

O grande desafio dos moradores da região de Mamirauá é suportar a pressão da natureza. A reserva é a maior área protegida no Brasil, destinada à conservação de florestas inundáveis. Na várzea amazônica, o nível da água sobe, em média, 12 metros entre o período seco, que tem pico normalmente em setembro, e o da cheia, que chega entre maio e julho. Quando o nível da água supera as expectativas, como ocorreu em 1999, várias casas ficam sob as águas. A única forma de sobreviver é abandonar a região e esperar a seca chegar para recuperar o que ficou para trás. As águas da maior bacia fluvial do mundo são implacáveis. Quem não se acostuma muda-se. Quem fica, cerca de 50% da população que cresce nas comunidades, aguarda a próxima cheia.

Nos prontos-socorros e nas escolas municipais de Mamirauá, a situação já esteve pior. Após a interação com os cientistas do projeto, integrantes da organização não-governamental Sociedade Civil Mamirauá, a mortalidade infantil caiu e as aulas de educação ambiental incluídas no programa curricular fizeram aumentar a preocupação com a higiene e a saúde. Nos últimos cinco anos, apesar de a amostragem ser pequena, o número de óbitos no nascimento está em queda. Em 1994, morreram 84 crianças em mil nascimentos; cinco anos depois, a relação mudou para 34 mortes em mil nascimentos.

A reserva de desenvolvimento sustentável recebe recursos de várias instituições, e o governo brasileiro cuida da maior parte. Dos dois milhões de dólares que são movimentados por ano, 70% vêm do país e 30% do exterior. O governo britânico é o principal agente financiador além-fronteiras, especialmente por intermédio do órgão Overseas Development Administration (ODA). No orçamento, portanto, o projeto ainda está longe de ser auto-sustentável.

Em Mamirauá, a pesca e a extração de madeira são regulamentadas pelas leis da região. Os estudos são dos pesquisadores do projeto, mas a última decisão sobre qual rumo seguir é tomada pelos próprios representantes das comunidades locais, em assembléias gerais que não procuram substituir as determinações do poder público.

Mesmo com a proibição da pesca e a diminuição da extração ilegal de madeira nobre na região, a renda média anual das 295 famílias internas da reserva de Mamirauá, que em 1995 era de novecentos dólares, está em ascensão nos últimos anos. No caso da Vila Alencar, o poder de compra das famílias subiu 53% entre 1994 e 1999. Monetariamente, esse aumento significa uma mudança no ganho anual de R$ 579,77 para R$ 1.537,14.

A pesca, uma das principais atividades econômicas entre as comunidades, é responsável pelo incremento no orçamento mensal dos caboclos amazônicos envolvidos com o projeto de comercialização do pescado, implantado pelo programa que, ao todo, conta com aproximadamente cinqüenta pesquisadores. Com grande valor comercial, o pirarucu é um exemplo de que o gerenciamento dos recursos naturais, pelo menos por enquanto, agrada à maioria dos pescadores nativos e ainda preserva os estoques de alimento.

Peixe de maior valor comercial da Amazônia, o pirarucu tem sua pesca proibida desde 1996. Mas em Mamirauá, graças à baixa pressão que os animais sofrem devido aos esforços preservacionistas, a legislação acabou reformulada. Após uma autorização especial do Ibama-Amazonas, a pesca manejada é permitida em alguns dos lagos da reserva – na cheia, eles ficam interligados – e em momentos específicos do ano, se nenhuma condição adversa surgir.

Foram selecionados 31 lagos na área, divididos em seis grupos. A cada ano, a pesca ocorre apenas em um único grupo, que voltará a ser explorado apenas seis anos depois. Além disso, os pescadores precisam ainda respeitar o tamanho mínimo de 1,5 m e a quantidade de três toneladas por temporada de pesca. A decisão do rodízio dos lagos e da proibição para que embarcações de Tefé ou Manaus entrassem na área da reserva surgiu das associações de pescadores.

Os dados coletados pelos cientistas correspondentes aos anos de 1998, 1999 e 2000 mostram que as classes de comprimento total dos peixes se alteraram após o início dos trabalhos do projeto. Antes, os pescadores não respeitavam o tamanho de 1,5 metro, e animais mais jovens eram capturados. A partir de 1998, com a pesca de pirarucus maiores, o número de indivíduos encontrados nas redes diminuiu. A produção final aumentou sem que populações futuras ficassem seriamente comprometidas.

Talvez mais interessante que a preservação dos estoques de pirarucu nos lagos da reserva seja a forma que os pesquisadores desenvolveram para contar o número preciso de peixes habitantes de cada um dos ecossistemas aquáticos. A tecnologia de contagem não é ultramoderna. Ela se baseia no conhecimento do caboclo sobre a selva em que nasceu e vive.

Os cientistas até hoje não entendem, mas os pescadores do médio Solimões podem contar com exatidão a população de um lago apenas olhando para ele. O pirarucu bóia na superfície e bate seu corpo, com força, contra a lâmina d'água. Observando esse processo, os pescadores do setor Jaruá da reserva – ao todo são nove divisões – informam um número para os cientistas.

Antes de acreditar nesse método, os pesquisadores contavam um a um os pirarucus capturados. E quando comparavam seu número com o dos pescadores constatavam que, entre as várias dezenas de peixes daquela população, a diferença não passava de uma unidade. Folclore amazônico? Talvez. O fato é que, para o pescador, o processo de preservação ocasionou um aumento da renda.

Iniciativas como a da reserva de Mamirauá, mesmo que venham a ser entendidas e respeitadas por 100% da comunidade, não passarão de uma gota de água doce no deserto. Outros atores terão de entrar no processo para que a harmonia social e ambiental da Amazônia seja conseguida. A visão da biodiversidade impressa pelos meios de comunicação é apenas uma pequena parte do problema, uma parte muito importante, aliás.

Dentro de um hipotético espectro que colocaria os integrados de um lado e os apocalípticos de outro – a história das teorias da comunicação mostrou que a tensão entre os dois grupos era considerável –, em hipótese alguma o radicalismo seria uma forma inteligente de seguir na discussão. O público conta, agora, com ferramentas importantes. A biodiversidade e suas relações estão postas. O papel da imprensa e o lado em que ela deve se posicionar estão bastante delimitados. O que resta, agora, é olhar para o futuro. O próximo passo é compreender e informar em profundidade, auxiliando a tomada de consciência. Não existe (talvez nem possa existir) jornalismo ambiental neutro. Para quê?

Pistas e obstáculos

Até os militantes mais pessimistas falam que de 70% a 80% da floresta amazônica continua bem preservada, ou seja, não sofreu agressões antrópicas significativas, apesar do desmatamento em níveis elevados. Então, vale acompanhar por que o desenvolvimento de uma região "relativamente preservada" é missão de todos. Mais uma vez os atores sociais precisam estar não apenas presentes, mas também atuantes. A Amazônia e o Pantanal continuam sendo os ecossistemas mais preservados do território brasileiro. A biodiversidade dessas duas regiões ainda está razoavelmente estruturada. Mas as ameaças não estão longe da floresta. Ao contrário. A soja e seu chamado efeito arrasto são um grande perigo. Se o processo é de fato irreversível, por fatores de mercado interno e externo, o interessante é adequar essa expansão da fronteira agrícola às necessidades da região Norte. Não é apenas a destruição que vem arrastada com a chegada de novas lavouras. Em alguns casos – e muitas vezes isso pode ser pouco no balanço geral, mas com certeza não é para aquelas populações diretamente envolvidas – a soja pode fazer bem à comunidade local.

As áreas já ocupadas pela soja estão na porção mais ao sul da Amazônia, próxima da fronteira com a região Centro-Oeste. Essa região, originalmente, era em grande parte coberta pela vegetação de cerrado. No próximo quinquênio, daí para mais, devido sobretudo à pavimentação da BR-163, que ainda não saiu do papel (pelo menos não o trecho dentro do estado do Pará), e à conclusão da hidrovia Araguaia-Tocantins, a densa floresta amazônica passará a ser ameaçada de forma bastante concreta pela expansão dessa nova fronteira agrícola.

Datas, anos, períodos. O que pode parecer um limitador aos conteúdos jornalísticos deveria servir, na verdade, como um gigantesco ponto de interrogação. A história dos problemas ambientais parece cíclica. Os séculos até podem ser trocados, mas as causas e as consequências não seriam muito diferentes. Vencedores e vencidos são sempre os mesmos.

Um novo ciclo agrícola, de proporções importantes, pode surgir neste início de século XXI na Amazônia. O primeiro, marcado pelo extrativismo de salsa, cacau, pimenta, castanha, cravo e canela, ocorreu durante a chamada era pombalina. O Marquês de Pombal, ministro dos Negócios Estrangeiros e da Guerra durante o reinado de d. José, deu atenção especial ao território amazônico, na segunda metade do século XVIII. Os períodos de 1616 a 1750 e de 1880 a 1913, com as drogas do sertão e a borracha, respectivamente, também contribuíram para a rápida transformação da economia da Amazônia do século XIX até agora.

Durante a era pombalina, principalmente, o extrativismo de salsa, cacau, pimenta, castanha, cravo e canela deu-se de forma simultânea com o plantio de culturas nativas. No século XIX, ainda não havia a pecuária, como neste início de século XXI, em que também o binômio madeira e agricultura (monocultura de soja, na verdade) está em expansão. A discussão sobre o plantio de soja na Amazônia precisa ser feita de forma apenas técnica, defendem os cientistas.

Não seria nenhuma grande heresia, acredita-se, se a soja pudesse entrar em áreas da Amazônia em que o plantio fosse viável. Nas regiões de densa floresta intacta, como nas áreas das reservas indígenas, a monocultura da soja, introduzida no Brasil em 1908 pelos japoneses, teria de ficar de fora, sem sombra de dúvida. Em áreas muito densas há grande umidade, o que, segundo alguns estudos, poderia servir como obstáculo natural ao desenvolvimento das sementes de soja, transgênica ou não. Na discussão de onde plantar ou não, alguns atores diretamente interessados, mas sem capital político expressivo, ficam de fora das discussões, dos debates. Nem na imprensa eles conseguem espaço.

Enquanto as organizações não-governamentais ambientalistas lançam várias teses apocalípticas sobre as terríveis conseqüências que a invasão da soja poderá ter sobre a Amazônia, comunidades locais, produtores e governantes não vêem a expansão da agricultura como algo prejudicial. Entretanto, a Amazônia pode ser considerada uma das principais fronteiras agrícolas da humanidade. Transformá-la em um gigantesco campo de soja seria o mesmo que mandar concretar toda a floresta.

Apesar do impacto ambiental negativo que a cultura da soja poderá ocasionar na região Norte – e, em alguns casos, até ampliar a exclusão social, já que é uma forma de cultivo muito mecanizada que busca sempre a alta produtividade –, a lista de benefícios elaborada pelos pesquisadores é extensa. A própria incorporação de uma nova atividade pode ser considerada, do ponto de vista econômico, uma novidade bem-vinda.

Uma certeza parece existir. A soja não chegará sem provocar riscos ambientais e sociais à Amazônia. Na gênese da introdução da soja na floresta incluem-se fortes interesses internacionais, que se arrastam há décadas. Um deles, entre Brasil e Japão, começou em 1974, com o governo militar do general Ernesto Geisel. Naquele tempo foi criado o Programa Nipo-Brasileiro de Cooperação para o Desenvolvimento Agrícola da Região do Cerrado. Mais uma prova de que a história é cíclica.

O incentivo à pecuária, criado em 1967, deixou conseqüências nunca antes imaginadas. Hoje, 35 anos depois, tem-se a noção de que a pecuária, além de não ter rendido para a população amazônica muitos dividendos socioeconômicos, também provocou grande desmatamento de áreas onde a floresta permanecia intacta. Entre os outros efeitos negativos que a soja pode causar na região amazônica estão, por exemplo, a incorporação de áreas do cerrado ainda preservadas (esse ecossistema, como a Mata Atlântica, tende à extinção), a pouca geração de empregos e a expulsão de pequenas e médias propriedades para uma nova linha de fronteira. Isso, em última análise, poderá levar a mais destruição na floresta. A migração do pólo produtor de soja do Paraná, por exemplo, é um risco real. Como a entrada da soja só ocorre se as estradas e as hidrovias estiverem em pleno funcionamento, será mais barato, por exemplo, exportar para Roterdã, na Holanda, pelo norte do que pelo sul do país.

Mesmo numa visão apocalíptica, a mais marcante na imprensa, aliás, é possível conceber modelos que comportem a plantação de soja em áreas de floresta amazônica. Para que a biodiversidade da região fosse preservada, seria necessário que se tomassem medidas compensatórias e não fossem conxtruídas tantas novas rodovias, hidrovias e ferrovias pela região.

Em nome da Amazônia e da população da floresta, certas áreas deveriam ser protegidas antes do avanço da fronteira da soja. Estimar com precisão os impactos é a única forma de evitá-los. Eis mais um complicador. A soja, diretamente, poderá nem causar o aumento do impacto sobre o desmatamento. Como, porém, ela vai entrar em áreas ocupadas hoje por pastagens, os fazendeiros vão abandonar o gado deles à própria sorte? É uma dúvida que fica.

A agricultura familiar, o zoneamento das áreas desmatadas passíveis de expansão, o bloqueio das áreas de cerrado ainda preservadas são itens que deveriam constar na agenda do poder público, assim como estão o asfaltamento das estradas e a infra-estrutura para as hidrovias. Desde o ciclo da borracha até o surgimento da Zona Franca de Manaus, a Amazônia tem em sua história informações de sobra para que a chegada de um novo ciclo agrícola (mesmo com características diferentes dos ciclos anteriores) lento e gradual não traga mais malefícios para a população. Entender esses meandros também faz parte da filosofia do jornalismo ambiental, cuja premissa deveria ser comprometer-se com as gerações atual e futura.

Mergulho de través

A relação entre biodiversidade e meios de comunicação é muito mais do que atual. Ela é uma pauta para o futuro também. Os problemas que envolvem os manguezais, os recifes de coral, a Mata Atlântica e a floresta amazônica, vistos pela ótica dos personagens que respiram e vivem as contradições, são pontos ainda desconhecidos do grande público. Eles precisam ser iluminados, precisam ser mais dissecados pela grande imprensa, a meu ver.

Para o leitor-telespectador-ouvinte-internauta, o privilegiado que consegue chegar ao ensino superior e por isso está (ou deveria estar) imbuído de maior responsabilidade, é fundamental um posicionamento firme. Uma posição fechada pela qualidade da informação, pela preservação do meio ambiente. E, também, para que as próximas gerações possam chegar e ocupar os espaços que devem estar reservados a elas.

As relações apresentadas aqui dão uma dimensão de qual deve ser um dos caminhos a ser seguidos para que o jornalismo ambiental no Brasil consiga se transformar e, assim, ficar mais perto do problema. Um ponto primordial, importante, é saber que sempre um problema tem mais de dois lados; que as óticas, os pontos de vista, também mudam, e precisam ser respeitados. Nada vai avançar se a imagem da espiral não for trazida para o centro dos debates.

O processo de transformação do jornalismo ambiental e de preservação da biodiversidade é irreversível. Não se pode deixar contaminar pela conjuntura de alguns períodos da história do jornalismo. No final do século XX houve a "bolha da Internet", nome dado à proliferação de empresas ditas virtuais. Os economistas, sobretudo, diziam que essas empresas revolucionariam o mundo em poucos meses. Mas não foi o que aconteceu (ainda). O cenário se alterou de forma drástica. Os investidores caíram na real, perceberam que a rede mundial de computadores, apesar de revolucionária, não dominaria o mundo dos negócios tão rapidamente.

Mas não basta apenas que as relações envolvidas no tema biodiversidade sejam postas de forma jornalística sem audácia, sem criatividade, sem sonhos. O leitor que se interessa pelo tema ambiental, e pelos vários outros que julgue importantes, deve exigir mais. De certo modo isso já está acontecendo. Temos a queda mundial do número de leitores de jornal, por exemplo. É preciso que o próprio jornalismo seja, de alguma forma, resgatado. Ao defenderem os interesses públicos, os jornalistas precisam, antes de mais nada, estar no local que os fatos ocorrem e mergulhar no assunto.

O *new journalism*, escola de jornalismo que se tornou famosa nos Estados Unidos nos anos sessenta – procuravam-se as grandes histórias, as grandes reportagens escritas com um posicionamento claro do autor e uma forma literária de apresentar o texto –, precisa ser resgatado e adaptado ao presente. Precisa ser inserido no contexto do jornalismo do século XXI, absolutamente pautado pela internet e, em países como o Brasil, por assuntos que nem sempre estão relacionados diretamente com o jornalismo. Leiam-se interesses comerciais das próprias empresas jornalísticas.

O tema biodiversidade e as demais questões relacionadas com o meio ambiente permitem tanto ao leitor como ao jornalista observar tudo de vários ângulos. Cultura, história, política, sociologia, ciências biológicas etc.: a espiral do conhecimento está aparecendo em seu estado mais puro. O assunto tem lastro suficiente para que novas ferramentas jornalísticas sejam apresentadas, independentemente do meio que esteja sendo empregado. Não se trata de abandonar as idéias de Marshall Macluhan, o educador canadense que ovacionava o meio como a própria mensagem, ou a batalha de idéias travadas entre os apocalípticos e os integrados, trazida à luz pelo italiano Umberto Eco. Trata-se de avançar rumo ao novo paradigma do jornalismo ambiental.

O modelo que deve ser buscado na cobertura jornalística de meio ambiente é aquele que abre espaço para os aspectos sociais e culturais do cotidiano, e não apenas para os aspectos político-econômicos. Nesse novo modelo proposto deve haver também um incentivo à oxigenação das formas de expressão, talvez resgatando as grandes reportagens literárias em estilo dinâmico e refinado, desde que a "arte" não comprometa a acessibilidade.

Como estamos no Brasil, que por sua vez está na América Latina e também no Hemisfério Sul, lado pobre do mundo, impossível preterir a vertente social. O chamado desenvolvimento sustentável, por mais utópico que seja, é o conceito a ser perseguido. Portanto, entre escolher se o Brasil deve continuar sendo o maior celeiro de grãos do mundo e, com isso, ter poder maior de barganha em reuniões como as da Organização Mundial de Comércio (OMC), por exemplo, ou preservar as florestas e os cerrados, existem questões que precisam ser esclarecidas.

Na verdade, o papel da imprensa, de informar a opinião pública e ao mesmo tempo fiscalizar e cobrar as várias formas de poder, adequa-se totalmente a essa nova e complexa realidade. As reportagens jornalísticas sobre a preservação da biodiversidade costumam colocar bandidos de um lado e mocinhos de outro. Se preservamos, diz-se, a pobreza irá se alastrar. Mas o que vemos, na prática, foge totalmente dessa dualidade. O meio ambiente é destruído, bem como a biodiversidade dos mares e das florestas. Ao mesmo tempo, a pobreza aumenta e a renda se concentra ainda mais.

"A primeira penetração capitalista na América, na conquista e na colônia, desarticulou o universo indígena mediante a reorganização dos sistemas econômico e cultural pré-colombianos. A propriedade comunal da terra foi desaparecendo em muitas regiões devido à apropriação privada pelos colonizadores, especialmente dos vinculados à Igreja." A frase de Néstor Garcia Canclini na obra *As culturas populares do capitalismo* dá o tom correto do início de uma grande transformação. Para continuar nos estudos feitos pelo antropólogo argentino, radicado no México, "a sociedade passaria a se fragmentar".

Segundo Canclini, um novo sistema ideológico, representado pela Igreja cristã, substituiu e em outros casos absorveu tudo que existia em termos de representações espirituais nas sociedades que viviam do lado de cá do Atlântico. "As igrejas foram construídas sobre as pirâmides, os lugares sagrados foram transformados em outro sistema cultural, as danças, a música e o teatro pré-hispânicos foram utilizados para transmitir a mensagem cristã."

A história registrou um grande ícone desse choque de civilizações. Em 1521, ocorreu uma das batalhas mais sangrentas de todos os tempos. De um lado, o espanhol Hernán Cortés. De outro, o grande líder dos astecas, Montezuma. Os habitantes do platô sucumbiram, atacados por outros povos indígenas que também estavam ao lado dos colonizadores. A juventude e a criatividade da América Latina indígena estariam tolhidas para sempre.

A questão ambiental, desde aqueles tempos, vem se transformando. Nem tudo aconteceu recentemente. Uma nova ideologia estava posta. Como disse Canclini, uma ruptura entre o econômico e o simbólico se instalou nas Américas e, cada vez mais, esse processo está presente no dia-a-dia dos povos dessa região do globo. "Estamos penetrando em um fenômeno que é pouco nítido para os que moram nas grandes cidades capitalistas, onde a existência de uma expressiva divisão técnica e social do trabalho diferencia de modo taxativo as funções econômicas das culturais", escreve Canclini.

Os atores sociais jornalísticos precisam mergulhar mais nesse processo. O ideal seria entrar de cabeça e não molhar apenas os pés, como tem acontecido. Esse elo perdido entre jornalismo e meio ambiente é o ponto de partida para que o processo entre por uma estrada mais bem alicerçada. As visões ambientais, pelo olhar do jornalismo brasileiro, ao lado dessa nova estrada, poderão ser diferentes. Não existe uma única saída, apesar de a entrada ser quase a mesma.

"De acordo com a minha experiência atual, apenas um punhado de jornalistas latino-americanos estão interessados em assuntos sobre a conservação da natureza. Atualmente, não conheço nenhum jornalista que tenha o título de 'jornalista ambiental'. A situação é diferente na Costa Rica, o interesse por assuntos ambientais aqui é grande, como na maioria dos países da América Central", diz Diane Jukofsky, jornalista da Costa Rica.

Jukofsky, diretora do centro de jornalismo ambiental da Costa Rica, aponta o que para ela são as três principais causas do problema: "As notícias ambientais geralmente são de interesse escasso. Os editores e diretores não gostam delas e não existe nenhum tipo de prestígio em ser jornalista ambiental".

Ela enumera uma série de exemplos que, em última análise, mostra, assim como se deu com a Mata Atlântica no Brasil, que a comunicação social fracassou em vários episódios. A derrubada das matas da Costa Rica, que atingiu 75% do território nacional, vem ocorrendo de forma gradual nos últimos cinqüenta anos. O ar do Distrito Federal do México – e aqui poderiam entrar também como exemplo as cidades de São Paulo e Santiago do Chile – não ficou poluído em dois ou três anos.

O processo que culminou com a catástrofe ambiental percebida nos dias de hoje se formou sorrateiramente. A lista de problemas é muitas vezes maior do que o tamanho desse documento. Isso não significa que se deve partir de um raciocínio linear ou raso, tirar conclusões, fazer juízos de valor. Os caminhos que existem são fortes e atrativos. É preciso criar algo.

Dentro do novo modelo, idéias podem surgir. Se o jornalismo não consegue se desprender de seus laços de comércio e de sobrevivência, e até é normal que isso ocorra, não existiria um caminho alternativo? Definido que a biodiversidade é uma questão de interesse público e, por isso, uma forma também de promover a inclusão social dos povos da floresta ou do litoral brasileiro, não seria o caso de fortalecer as mídias alternativas? A experiência já existe em vários locais do Brasil. E, nesse caso, a própria Internet se torna uma forma incrível de penetração. Redes virtuais entre os indígenas. Jornais e rádios envolvidos em projetos viáveis e inteligentes a favor das gerações futuras. Eis mais um caminho para que o jornalismo ambiental se transforme, se modernize de maneira sustentável.

O exemplo que vem da Bolívia pode servir de apoio no campo teórico. "Começou timidamente, com apenas 134 usuários. Agora é uma realidade que supera 19 mil membros que recebem quinzenalmente o Boletim Redesma (Rede de Desenvolvimento Sustentável e Meio Ambiente)", informa Julia Velasco Parisaca, do Centro Eco Jovenes-Bolivia.

A comunidade virtual boliviana que discute o meio ambiente é totalmente composta pela sociedade civil. A pobre e isolada Bolívia encontrou uma via moderna, atual e ágil para trocar informação e construir uma ferramenta, bem longe dos meios de comunicação de massa, para auxiliar na preservação ambiental. Não seria um dos caminhos possíveis para se fazer um jornalismo com mais substância?

Segundo Julia, a "A Redesma é uma experiência de comunicação por Internet e correio eletrônico, única na Bolívia a difundir informação especializada sobre meio ambiente. Também é um instrumento de comunicação e de fortalecimento da gestão e dos movimentos ambientais, ligando diversas organizações e pessoas no plano local, nacional e mundial." A informação para a correta ação ambiental é algo fundamental. Além disso, a Redesma também oferece isso de forma agilizada e, o que é mais importante, dando vez às diversas vozes envolvidas.

A biodiversidade não perde todos os dias. Existem também processos em andamento que são importantes para as futuras gerações. Eles estão no terceiro setor, na iniciativa privada e nas esferas governamentais. Cabe ao jornalista mergulhar nesses *cases* e apresentá-los ao mundo.

A reserva de Mamirauá, no Amazonas, e a cooperativa de caranguejeiros de Vitória (ES) são apenas dois exemplos que até já freqüentaram as páginas dos jornais brasileiros de circulação nacional. A biodiversidade tem implicações múltiplas em todos os assuntos de cobertura da imprensa brasileira. Chegou o momento de uma nova filosofia do jornalismo? Sim. Acredito que no século XXI as questões humanas e ambientais serão prioridade em todos os departamentos editoriais dos veículos de comunicação. Da ótica de dona Benta Martins ou do mergulho na lama de Zé Maiado, o elo entre jornalismo e biodiversidade não está mais perdido. A teia oculta de interdependências está cada vez mais evidente.

Referências bibliográficas

CAMARGO, Aspásia; CAPOBIANCO, João Paulo Ribeiro; OLIVEIRA, José Antonio Puppim de (orgs.). *Meio ambiente Brasil, avanços e obstáculos pós-Rio-92*. São Paulo: Estação Liberdade/Instituto Socioambiental e FGV, 2002.

CAPOBIANCO, João Paulo (org.). *Biodiversidade na Amazônia brasileira: avaliação e ações prioritárias para a conservação, uso sustentável e repartição de benefícios*. São Paulo: Estação Liberdade/Instituto Socioambiental, 2001.

LIMA, Edvaldo Pereira (org.). *Econautas – ecologia e jornalismo literário avançado*. São Paulo/ Canoas: Ulbra, 1996.

LIMA, Edvaldo Pereira (org.). *Páginas ampliadas – o livro-reportagem como extensão do jornalismo e da literatura*. 3 ed. São Paulo: Manole, 2003.

MEDINA, Cremilda; GRECO, Milton (orgs.). *Do Hemisfério Sol – o discurso fragmentalista da ciência*. São Paulo: ECA/USP, 1993.

SCHAEFFER-NOVELLI, Yara. *Manguezal, ecossistema entre a terra e o mar*. São Paulo: Caribbean Ecological Research, 1995.

Água de uma fonte só

*A magnitude do problema em
uma experiência concreta*

ANDRÉ AZEVEDO DA FONSECA[*]

Calamidade Pública
Água de Uberaba está contaminada

Na madrugada de ontem, após o descarrilamento de 18 vagões de uma locomotiva, Uberaba foi palco de um dos maiores acidentes ambientais da história de Minas Gerais. Dos 18 vagões, 13 vazaram, despejando no córrego Congonhas toneladas e toneladas de metanol, cloreto de potássio e octanol. O único produto que não vazou foi o isobutanol. Com a explosão, um raio de 1.500 metros foi atingido pelo fogo. Os bombeiros mais uma vez agiram rápido. No curso do rio, peixes, cobras e pássaros foram encontrados mortos, e a orientação para as populações ribeirinhas é para

---

[*] André Azevedo da Fonseca é estudante de Jornalismo na Universidade de Uberaba (Uniube). Escreveu diversas reportagens sobre cultura e meio ambiente urbano, especialmente patrimônio cultural. Com a série "Escombros da memória coletiva" recebeu menção especial no prêmio Estímulo à Cidadania, categoria Jornalismo, na Expocom/Intercom 2002. É colunista da revista digital *NovaE* (www.novae.inf.br).

que não tenham contato com a água do rio, em hipótese alguma. A captação de água está racionada. Às 20h30, antes do esperado pelo presidente do Codau [o centro de abastecimento da cidade] o metanol já invadia a captação. Mais uma vez ele alertou para o fato de que o prazo para retorno da captação é imprevisível [Chamada de capa do *Jornal de Uberaba*, quarta-feira, 11 de junho de 2003].

E a cidade entrou em pânico. O descarrilamento na Ferrovia Centro Atlântica, na madrugada de 10 de junho de 2003, provocara o vazamento de 720 toneladas de produtos químicos altamente tóxicos a poucos metros da estação de captação que abastece os cerca de 260 mil habitantes de Uberaba, cidade localizada na região do Triângulo Mineiro. Trabalhadores e donas de casa colaram os ouvidos nos aparelhos de rádio, aguardando alvoroçados a inevitável notícia de envenenamento em massa. "Não beba água!", alertavam vizinhos, parentes, colegas de escola, gritando uns aos outros da janela, na rua, ao telefone: "Não beba água!".

A explosão das locomotivas assustara de tal forma os proprietários rurais na vizinhança que pelo menos um deles, impressionado com as notícias do bombardeio no Iraque, pensou que a guerra tinha chegado a Uberaba. Isso saiu nos jornais! O prefeito Marcos Montes não se encontrava na cidade. Estava de férias na Europa. O prefeito em exercício, Odo Adão, decretou estado de calamidade pública.

Isso tudo em uma cidade que, devido à falta de planejamento, sofre um duro racionamento nos períodos de baixo volume do rio Uberaba. Há anos ambientalistas locais criticam os sucessivos governos que persistem omissos na política de gestão estratégica das águas da cidade. Até o acidente, por exemplo, o sistema de abastecimento do município contava com apenas um ponto de captação – e no mesmo rio, o Uberaba.

Como faltam planos de contenção para os períodos de seca prolongada, freqüentes em Uberaba, os reservatórios simplesmente vão minguando, minguando, até que toda a água se acaba lá para outubro. Na seca de 2002, por exemplo, a população amargou quase duas semanas de escassez, enquanto as autoridades iam à TV culpar São Pedro pela falta de chuva. O fato é que, nesses casos, a situação só se normaliza mesmo porque mais cedo ou mais tarde acaba chovendo. Mais: o poder público em Uberaba não tem controle sobre a perfuração desenfreada de poços em residências, chácaras e empresas. Cada um salva a própria pele conforme o bolso.

As conseqüências da má gestão da água doce são um problema contemporâneo real, já presente no cotidiano de várias cidades brasileiras – pequenas, médias ou grandes. Não é coisa para daqui a décadas ou séculos. E se já ocorre em uma cidade de médio porte, como Uberaba, o que dizer de megalópoles como São Paulo, Cidade do México, Nova Delhi, Bombaim, Xangai, Pequim, Lagos, Jacarta, Tóquio?

Voltemos, porém, ao caso do acidente com o metanol em Uberaba, que reverberou nos meios de comunicação de todo o país. Nas rádios e TVs locais, edições extraordinárias alertavam incessantemente a população sobre os perigos de beber água contaminada. Entre notícias, comunicados da prefeitura e informes do centro de abastecimento, os habitantes engoliam seco, de susto a susto, afirmações do tipo "Foi determinada a imediata suspensão da captação da água", "A ingestão de água pode levar à cegueira irreversível"; "A ingestão de metanol pode levar à morte"; ou ainda "Está sendo estudada a necessidade de suspender as aulas". A cidade submergia em uma onda de medo e paranóia.

Mesmo os comunicados oficiais – cujo objetivo é sempre acalmar a população – carregavam aquela precaução de linguagem que, em momentos assim, acaba gerando todo tipo de suspeita. "A captação foi suspensa a tempo", diziam. "A água do reservatório não foi contaminada", insistiam. "Será mesmo?", ressabiava-se a população. Alguém parece ter ouvido, de não sei quem, que um menino, ou um velhinho, morrera intoxicado; ou teria sido um cachorro, após tomar banho ou beber água. Enfim, os boatos proliferavam.

Já nas primeiras horas as notícias desse desastre ecológico se tornavam transtornos reais para a população. A prefeitura pedia a todos que economizassem ao máximo. Quando a água das caixas reservatórias individuais acabou, as pessoas acordaram definitivamente para a gravidade do problema. É assustador abrir a torneira e não ver sair um pingo. Não ter qualquer previsão de retorno – talvez uma semana, um mês, dois meses – e ainda sentir o amargo temor de que, quando voltar, a água possa estar contaminada e provocar "cegueira irreversível" na população inteira! Um terror.

"Não beba água!", gritavam as mães aos filhos. Uberaba virou a cidade dos gargantas secas. Muita gente passou a buscar água em minadouros nos terrenos baldios, sem saber que essas fontes costumam estar infestadas de doenças. Os bem relacionados levavam seus baldes aos poços artesianos das chácaras dos amigos e vizinhos. No dia seguinte, o comércio de água mineral mais que duplicou.

A prefeitura contratou dezenas de caminhões-pipa de outras cidades para distribuir água à população. Os caminhões coloridos rodavam o dia inteiro, e em diversos bairros a distribuição varava a noite. Assim, durante toda a semana, milhares de famílias acordavam às três ou quatro horas da madrugada e saíam de pijama às ruas, carregando baldes, latas e bacias, levando as crianças, procurando os caminhões-pipa e enfrentando filas para garantir a água da higiene e do almoço do dia. Por causa do esquema emergencial montado para o abastecimento dos caminhões, a prefeitura restringiu a passagem de carros de passeio em algumas avenidas. Era outra cidade.

A cada dia despontavam novas dificuldades, dessas que não nos damos conta quando a água é abundante. Como dar descarga nos vasos sanitários? Como lavar os pratos após comer? E as pias passaram a virar depósitos de talheres sujos. Como cuidar dos doentes nos hospitais? Como funcionarão as lanchonetes, os restaurantes e os bares? E o comércio passou a fechar mais cedo, ou mesmo nem abrir. Como as lavadeiras, que vivem disso, vão ganhar dinheiro nesses dias? Muitas delas ficaram sem seus trocados até para o almoço, e tiveram de pedir comida aos vizinhos. E os cuidados com os bebês?

Mas tudo isso se somava aos problemas extras que a perversa criatividade humana inventa, mesmo nas horas em que a solidariedade é vital. Assim, surgiram ainda denúncias de motoristas de caminhões-

Água de uma fonte só

pipa que queriam cobrar pela água, de outros que se comportavam de forma agressiva nos bairros de periferia, de outros vistos desperdiçando ou privilegiando os mais ricos, de empresas de água mineral cobrando preços extorsivos. Um transtorno. Foram sete ou oito dias de medo, duzentas intermináveis horas de dificuldades que pareciam eternas.

Uma semana após o acidente, depois de grande confusão e trabalho, o abastecimento voltou ao normal. Nos jornais, fotos do prefeito (de volta da Europa), do secretário de Meio Ambiente e do diretor do Centro de Abastecimento, bebendo cada um seu copo de água. Eles garantiam que os reservatórios não haviam sido contaminados, que o rio estava limpo, que a captação voltara ao normal e que todos podiam, enfim, ficar tranqüilos para matar a sede à vontade e tomar banho, mas sem desperdício. De fato, a água chegava aparentemente limpa às torneiras. A imprensa especulava se uma eventual chuva poderia espalhar o metanol do solo e contaminar o rio, mas nos dias seguintes não voltou mais ao assunto. A nova discussão era sobre as formas de a empresa poluidora ressarcir a cidade.

A população, porém, permaneceu ressabiada. Alguns dias depois da situação normalizada, o radialista Marcos Vinícius Zani tomava café e sentiu cheiro de álcool no copo. "Será que é metanol?" Na dúvida, jogou fora.

Do micro ao macro

O episódio ocorrido na cidade mineira é, sem dúvida, uma situação-limite. No entanto, o caso é perfeitamente capaz de inspirar uma ou outra questão geral no debate sobre o jornalismo ambiental e sobre o problema do abastecimento de água potável, que é mundial. Acidentes acontecem, mas tornam-se insuportáveis quando a sociedade carece de informações básicas e cotidianas acerca da situação e das condições de usufruto dos recursos hídricos de sua cidade.

Se a imprensa quer mesmo ser relevante, deve encarar sua responsabilidade em participar ativamente na formação ambiental do cidadão, não apenas nas calamidades, mas sobretudo no dia-a-dia. É preciso ter

115

sempre em conta que a maioria das pessoas depende dos jornais como a única fonte de informações sobre o meio ambiente. Catástrofes inesperadas e anunciadas podem ser minimizadas – ou mesmo evitadas – quando há circulação de informações de qualidade.

O Relatório das Nações Unidas sobre o Desenvolvimento dos Recursos Hídricos Mundiais, "Water for people, water for life", de 2003, reforçou o alerta a lideranças de todos os países para a iminente crise de água potável que, de alguma forma, atingiria os mais de seis bilhões de seres humanos e as diversas formas de vida na Terra. Coisa de Apocalipse, segundo muitos ambientalistas. De acordo com o relatório, todos os sinais parecem indicar que, se não forem tomadas medidas urgentes para corrigir a má utilização da água doce, o planeta sofrerá profunda escassez já nas próximas gerações.

Assim, estudiosos esboçam um cenário árido para o futuro. Muitos profetizam sanguinários conflitos internacionais deflagrados pela disputa por recursos hídricos. São recorrentes as previsões de que em regiões do Oriente Médio e da bacia do rio Nilo (na África), por exemplo, a guerra pela água será mais violenta que os atuais embates pelo controle do petróleo, pois a escassez fará da água potável um bem mais precioso que o combustível fóssil. Essas cogitações pessimistas já inspiraram alguns filmes de Hollywood – como *Duna* (1984), de David Lynch, ou as três seqüências de *Mad Max* (1979, 1981 e 1985), de George Miller – que, por sua vez, servem muito bem para ilustrar as reflexões sobre um desértico pós-fim de mundo.

Contudo, essa projeção apocalíptica de um deserto planetário não é pura invenção ficcional, mas um alerta inspirado em estudos, pesquisas e seminários patrocinados por organizações globais cada vez mais preocupadas com a exploração desordenada e o desperdício dos recursos hídricos. Muitos consensos importantes têm sido abraçados desde então. Vale a pena falarmos um pouco sobre isso.

A Conferência de Mar del Plata, em 1977, é tida como um marco de uma série de atividades globais ao estabelecer a definição do *Decênio Internacional de Água Potável e Saneamento*, de 1981 a 1990. Nesse período apontou-se a emergência no investimento em saneamento básico para as populações pobres. A Conferência Internacional sobre Água e Meio Ambiente de Dublin, em 1992, estabeleceu quatro princípios cruciais, ainda hoje considerados fundamentais para a reflexão sobre o assunto:

1. A água doce é um recurso finito e vulnerável, essencial para a manutenção da vida e o desenvolvimento do meio ambiente. (Essa idéia da água potável como um recurso que um dia pode se esgotar assombrou quem sempre acreditou na eterna reposição dos reservatórios proporcionada pelo ciclo hidrológico.)
2. O aproveitamento e a gestão da água devem inspirar-se em um planejamento baseado na participação dos usuários, legisladores e responsáveis pelas decisões em todos os níveis. De fato, constata-se que as melhores iniciativas em educação ambiental e as mais eficientes soluções em saneamento básico surgiram com a participação direta das comunidades usuárias nos processos de decisão. Um caso exemplar ocorreu em Angra dos Reis, em 2002, onde técnicos se reuniram com moradores de regiões pobres para analisar a situação local, definir prioridades e compartilhar a responsabilidade pela aplicação dos recursos públicos nas obras de saneamento. O plano foi financiado pelo Prosanear, uma linha especial de financiamento da Caixa Econômica Federal. O sucesso do projeto fez da iniciativa um modelo nacional de gestão.
3. A mulher desempenha um papel decisivo no abastecimento, na gestão e proteção da água. Esse princípio registrou o reconhecimento às mulheres como interlocutoras no debate das grandes temáticas internacionais, assim como na elaboração de políticas globais amplas, fortalecendo a questão de gêneros na discussão socioambiental. Falarei disso um pouco mais adiante.
4. A água tem um valor econômico em todos os diversos usos aos quais se destina, e deveria ser reconhecida como um bem eco-

nômico. Isso é uma constatação que deveria sensibilizar a lógica capitalista para a urgência da gestão sustentável dos recursos naturais. No entanto, essa idéia ainda causa muita polêmica. Entrarei nesse debate também.

A Conferência das Nações Unidas sobre Meio Ambiente e Desenvolvimento, no Rio de Janeiro, em 1992 (a Rio-92 ou Eco-92), levou à redação da Agenda 21, talvez o mais importante documento que procura estabelecer ações eficazes de desenvolvimento sustentável – palavrinhas mágicas e de suma relevância no nosso tempo, mas que freqüentemente servem também para embelezar discursos inócuos. Convém ficar atento. Conceitos hegemônicos contribuem para lapidar nossa visão de mundo, mas sua apropriação indiscriminada pode esvaziá-los de seu(s) sentido(s).

A Agenda 21 é um programa de ação ambiental, dividido em quarenta capítulos, estabelecido por comum acordo entre governos e ONGs de 179 países. O objetivo é estruturar um novo padrão de desenvolvimento planetário capaz de conciliar proteção ambiental, justiça social e sustentabilidade econômica. No Capítulo 18, referente à proteção dos recursos hídricos, o documento registra uma série de recomendações, propondo a aplicação de projetos integrados no desenvolvimento, manejo e uso da água. Isso é um reforço à constatação de que a problemática da água está intimamente relacionada com diversas questões sociais, e de que a busca de soluções deve necessariamente dialogar com outras áreas estratégicas.

No Brasil, a Comissão de Políticas de Desenvolvimento Sustentável e da Agenda 21 Nacional (CPDS), ligada ao Ministério do Meio Ambiente, é o órgão responsável pela coordenação e implementação das recomendações no país. Existem também as iniciativas da Agenda 21 Local, cuja implementação depende essencialmente de parcerias entre as três esferas do poder público – federal, estadual e municipal –, além de empresas e organizações da sociedade civil. Eis aí uma pauta que deveria ser mais bem explorada pelos meios de comunicação regionais. Como anda a implementação da Agenda 21 Local em sua cidade?

Água de uma fonte só

O 2º Fórum Mundial da Água, em Haya (Holanda), em 2000, e a Conferência Internacional sobre Água Doce, em Bonn (Alemanha), em 2001, insistiram no processo de colocar a água no centro do debate sobre desenvolvimento sustentável e estabeleceram metas para melhorar e organizar a gestão dos recursos hídricos mundiais. A série de debates prosseguiu em 2002 com a Rio+10, em Johanesburgo, e em 2003 com o 3º Fórum Mundial da Água, em Quioto (Japão). Uma resolução da ONU, assinada por 148 países, proclamou 2003 como o Ano Internacional da Água Doce. A idéia é encorajar governos, empresas e organizações civis a participar da implantação dos princípios de gestão dos recursos hídricos.

O estudo "From potential conflict to co-operation potential: water for peace prevention and resolution of water related conflicts" ("Do conflito potencial à cooperação potencial: água para a preservação da paz e resolução de conflitos relacionados à água"), realizado em conjunto pela Unesco e pela Green Cross International, em 2001, reafirma a preocupação com o crescente número de países que sofrem "estresse hídrico" sem que sejam desenvolvidos mecanismos e instituições transnacionais para mediar possíveis disputas.

Considera-se que o país sofre de estresse hídrico quando dispõe, por ano, de menos de 1,7 mil m³ de água por pessoa. Em 2000, calculava-se que 2,3 bilhões de pessoas viviam sob estresse hídrico. Desse total, 1,7 bilhão sobreviviam com menos de mil m³ por ano, número já associado a uma situação de escassez. De acordo com dados do Banco Mundial, países como Emirados Árabes, Arábia Saudita, Líbia, Israel, Singapura, Jordânia e Iêmen contam com menos de duzentos m³ por habitante. A umidade relativa do Kwait – tido como o país mais seco do mundo – é desprezível. Nos gráficos, aparece com o número zero. Pelas projeções da ONU, em 2025 o planeta de oito bilhões de habitantes terá 3,5 bilhões de pessoas sofrendo escassez de água.

Assim, o estudo Unesco/Green Cross International afirma a urgência de encontrar soluções integradas, sobretudo nas 263 bacias hidrográficas compartilhadas entre dois ou mais estados, nas quais está

119

localizada aproximadamente metade da população mundial. Vamos a alguns exemplos.

Acredita-se que uma das razões da histórica disputa entre Israel e Síria pelas colinas de Golan são justamente os depósitos de água da região. Mas não é preciso ir longe para verificar áreas de tensão. Há alguns anos, produtores de arroz do Uruguai vêm acusando agricultores brasileiros de drenar grandes volumes de água do rio Uruguai, que nasce no Brasil, reduzindo assim a quantidade e a qualidade da água para as lavouras de lá. Apesar de ainda não se tratar de uma guerra, mostra claramente o potencial de conflito de interesses que envolve o uso dos recursos hídricos – mesmo na região mais rica em água do planeta. O que esperar, então, de regiões verdadeiramente secas?

No entanto, o relatório busca um tom otimista. Não nega que existam tensões regionais que possam resultar em conflitos, mas acredita que as fontes de água potável podem ser, sobretudo, um incentivo natural para a cooperação. Um dos sérios problemas observados pelo estudo é, mais uma vez, a falta de participação das comunidades na gestão de seus recursos hídricos. Normalmente as decisões são tomadas apenas nos altos escalões de governo. O estudo recomenda legislações internacionais para regulamentar e prevenir arbitrariedades, e alerta também para a importância de suporte financeiro para incrementar a cooperação entre estados – sobretudo em regiões pobres onde não há infraestrutura sequer para a troca de informações entre países vizinhos.

Todas essas iniciativas foram acompanhadas por centenas de publicações, relatórios, boletins, livros, cartas de princípios e outros documentos intensamente debatidos em recorrentes congressos, seminários e colóquios regionais em todo o planeta. No entanto, ainda segundo o relatório da ONU, apesar dos exaustivos estudos e recomendações, muito pouco tem sido cumprido desde então.

Para as Nações Unidas, a inércia das lideranças e a ausência de uma consciência clara da população mundial sobre a magnitude do problema resultam em um vazio de medidas corretivas necessárias e na incapacidade de colocar em prática os conceitos largamente discutidos.

Inúmeras soluções, nenhuma ação. Muita teoria, nenhuma prática. Mesmo conscientes, prosseguimos desperdiçando água potável e caminhando, lúcidos e cínicos, ao aparentemente inevitável deserto planetário...

Apocalipse e *marketing*

Diante desse quadro, a imprensa não tem o direito de ser irrelevante. Justamente por isso, convém complicar as coisas para que possamos ter uma noção dos desafios colocados ao jornalista que cobre meio ambiente. A visão apocalíptica da escassez de água também pode ser criticada, e críticas são importantes para enriquecer o debate e lapidar as soluções. O professor de estatística dinamarquês Bjørn Lomborg – esse nome provoca contrações no estômago de ambientalistas – escreveu o livro *The skeptical environmentalist – measuring the real state of the world* (Cambridge University Press, 2001).

Nessa obra ele procura mostrar que muitas das afirmações catastróficas sobre o futuro do meio ambiente contradizem as próprias pesquisas nas quais são fundamentadas. Assim, essa "histeria ambiental" teria por base a interpretação equivocada de estatísticas, além de imprecisões conceituais, preconceitos movidos pela paixão ideológica e, é claro, muita retórica. Portanto, bastaria uma consulta mais cuidadosa para constatar os exageros no discurso ecológico.

Para Lomborg – ex-membro do Greenpeace, uma das mais famosas ONGs ambientalistas do planeta –, conhecer criteriosamente a situação do meio ambiente é condição fundamental para que sejam definidas as verdadeiras urgências, evitando, assim, gastar energia com problemas irrelevantes ou mesmo inexistentes. Ele lembra que um diagnóstico impreciso pode levar a estratégias de ação ineficientes. Além disso, observa que afirmações equivocadas se propagam pelas publicações, de citação em citação, tornando difícil descobrir a veracidade.

Essa confusão, evidentemente, é refletida nos jornais. Leia duas reportagens sobre o mesmo tema e você verá números diferentes estampados em cada uma delas. A divergência de dados ambientais – muitas vezes publicados sem citação da fonte – é um fenômeno impressionante. Na Internet, já se perdeu o controle. Dependendo do veículo, porcentagens transitam de 1% a 100% com elasticidade definitivamente suspeita. Há ainda o problema da abordagem. Algumas pesquisas falam na porcentagem de cidades sem abastecimento. Outras falam da quantidade de residências, e outras de habitantes. Assim, confundir "30% das cidades" com "30% da população" é um erro grosseiro, mas comum.

Assim, entre outras teses, Lomborg procura mostrar que a constatação da iminente crise planetária de escassez de água simplesmente não está baseada em dados verdadeiros! Que motivo, porém, leva ambientalistas a insistir nos números? A argumentação é a de que, com a proliferação do pânico, essas organizações conseguem influenciar com mais facilidade governos e empresas para garantir verbas para sua causa. E os jornais, crédulos, entram na onda. (Aqui, seria injusto deixar de mencionar que é muito mais comum que empresas poluidoras se mostrem verdadeiramente especialistas em "interpretar" estatísticas a seu favor, mas... prossigamos.) Para ele, portanto, os dados catastróficos devem ser relativizados. Jornalistas e leitores precisam ficar bem atentos a esses números escorregadios, sob o risco de aderir a "fatos" viciados.

Esse problema do rigor na sistematização de dados é pertinente. A Comissão Nacional de Classificação (Concla), ligado ao IBGE, é o órgão responsável pela padronização das normas usadas no sistema estatístico brasileiro. Em um texto divulgado no *site* oficial (www.ibge.gov.br/concla) o órgão admite que o termo "estatística ambiental" abrange vários assuntos com distintos níveis de profundidade e, portanto, é coletado em fontes dispersas, submetendo-se a conceitos e métodos diferentes. Assim, o Concla esclarece que as classificações ambientais do próprio órgão ainda "se encontram em discussão" e, por isso, oferece no *site* apenas as "versões preliminares das classificações internacionais". Isso ilustra a dificuldade, mesmo entre especialistas, em sistematizar esse tipo de classificação. O que dizer de jornalistas? O que dizer de leitores comuns? Será que isso é mais uma pista para sugerir que Lomborg tem razão?

Evidentemente, o crítico também é alvo de críticas. Lomborg já levou de ambientalistas até torta na cara – aquele curioso tipo de protesto bastante popular na Europa. Já criaram até mesmo na internet um *site* antiLomborg (www.anti-lomborg.com), com refutações a muitas de suas afirmações.

A ONG ambiental norte-americana World Resources Institute (WRI) disponibilizou em seu *site* (www.wri.org/press/mk_lomborg.html) vários documentos para derrubar as teses de Lomborg. Há um texto chamado "Nove coisas que os jornalistas deveriam saber sobre *The skeptical environmentalist*". Nele estão reunidos argumentos para mostrar aos jornalistas que o livro de Lomborg não é confiável. Mostram que o Lomborg ignora estudos importantes e utiliza-se de estatísticas tendenciosas, interpretadas apenas no sentido de confirmar suas afirmações prévias. Além disso, questionam se a competência técnica de Lomborg em estatística seria apropriada para avaliar variáveis de questões ambientais. Convém, sobretudo, não esquecer que as polêmicas fizeram do livro um *best-seller* – ou seja, o meio ambiente tornou-se um negócio muito lucrativo também para o professor dinamarquês.

Tique-taque, tique-taque

As críticas levantadas contra Lomborg também são consistentes. Mesmo considerando a hipótese de que não há perigo de escassez de água – levando em conta a quantidade total disponível no mundo –, não é difícil verificar que a desigualdade de distribuição torna esse problema de fato preocupante e urgente. O ciclo hidrológico, ou seja, a movimentação das águas no planeta, mantém um fluxo permanente, com um volume inalterado há milhões de anos. Nada se perde, tudo se transforma. Lembra-se de Lavoisier?

Mas o problema é a exploração inadequada desses recursos, que vêm desestabilizando justamente esses ciclos naturais. Assim, o que está em discussão não é o desaparecimento da água no planeta, mas a escassez de água potável, própria para o consumo humano, devido à contaminação, à poluição, ao desperdício e à falta de planejamento. A tragédia é bem mais grave em países pobres, onde as pessoas já sofrem com a miséria e a violência.

Vamos aos números. Prometo que serão apenas seis ou sete inevitáveis parágrafos, com todas as idas e vindas inerentes das estatísticas. Mas antes convém lembrar, mais uma vez, que sempre há divergências entre as fontes. Entretanto, os dados que serão apresentados são aceitos por muitos autores e, sem dúvida, servem para que tenhamos uma visão geral.

Medindo em toneladas, somando os estados sólido, líquido e gasoso, estima-se que o planeta tenha 1.360 quatrilhões de toneladas de água. Alguns autores preferem descrever 1,3 bilhão de km^3, mas há quem diga que o uso de tonelada é mais apropriado porque a pequena parcela de água em estado gasoso na atmosfera ocupa um volume muito grande e desproporcional em relação ao peso. Seja qual for o critério, porém, isso ainda está longe de um número por meio do qual possamos, enfim, estimar quanto de água potável está disponível para consumo.

De toda a água do planeta, estima-se que cerca de 95,5% esteja nos oceanos e 2,2% nas calotas polares e geleiras. Sobram 2,3% de água doce, cuja maior parte se localiza retida no solo e subsolo, uma fração bem menor nos lagos e pântanos, e o restante distribuído na atmosfera e nos rios. Portanto, desses 2,3%, calcula-se que bem menos de 1% (diferentes pesquisas falam de 0,7% a 0,3%) de fato está acessível para consumo. Esse número equivale a uma canequinha em comparação a uma caixa d'água. A cifra demonstra claramente a diferença entre água e recursos hídricos – a água passível de utilização como um bem econômico.

Evidentemente, as águas se renovam num processo contínuo. Algo como 100 trilhões de m^3 são evaporados dos oceanos e precipitam sobre os continentes todos os anos. Desse volume, estima-se que 37 trilhões de m^3 corram pelos rios e sejam despejados no mar. No entanto, essas precipitações não são distribuídas de maneira uniforme pelo planeta. A Austrália recebe bem pouco. A África e a Europa recebem o dobro da Austrália – o que também não é muita coisa. A América do Norte recebe o dobro do volume da África. Mas as regiões em que a água é verdadeiramente abundante são a Ásia e a América do Sul.

O Brasil conta com os maiores estoques de água doce do planeta – algo entre 12% do total mundial. O volume da água *per capita* no Brasil varia de dez mil a cem mil m³ ao ano. Só o rio Amazonas despeja mais de seis trilhões de m³ de água por ano no Oceano Atlântico. O aqüífero Guarani, provavelmente o maior manancial de água doce subterrânea da Terra, estende-se por uma área aproximada de 1,2 milhão de km² pelo Brasil, pela Argentina, pelo Paraguai e Uruguai. Para termos uma idéia, a área do aqüífero equivale ao território da Inglaterra, França e Espanha juntos. Calcula-se que suas reservas tenham em torno de 45 mil km³, e que o volume aproveitável de água chega a 40 km³ ao ano – trinta vezes superior à demanda anual por água de toda a população de sua área (cerca de 15 milhões de habitantes). Há quem calcule que o aqüífero possui água suficiente para abastecer todo o Brasil por dois mil anos sem renovação. Em matéria de recursos hídricos, somos primeiro mundo.

Infelizmente, essa riqueza também não é distribuída de maneira eqüitativa. De acordo com dados do IBGE, de 2000, 36% das residências no país – por volta de 19,6 milhões de moradias – não contavam com abastecimento de água. E isso não quer dizer necessariamente que as outras 64% – ou 34,6 milhões de moradias – recebiam água de qualidade. Em muitas cidades pequenas a água é captada e distribuída à população sem qualquer tipo de tratamento. Isso em um país em que 63% dos depósitos de lixo estão em rios, lagos e restingas. Como escreveu o jornalista Ulisses Capozoli, presidente da Associação Brasileira de Jornalismo Científico, "o Brasil é pobre naquilo em que é mais rico".

Mais uma vez convém lembrar que esses números são apenas indicativos. Não raro os dados conflitam com outras fontes igualmente respeitáveis. A Pesquisa Nacional por Amostra de Domicílios do IBGE de 2001, por exemplo, registra que apenas 19% dos domicílios não contavam com rede geral de abastecimento de água. O relatório de 2003 do Programa das Nações Unidas para o Desenvolvimento (PNUD), mais recente, fala em 13%, apesar do alerta de que a média estatística oculta as diferenças entre regiões e grupos populacionais. Metodologias diversas, mais do que a sucessão cronológica de um ou dois anos, marcam as diferenças nas estatísticas. Isso não quer dizer que não são boas referências, mas que é preciso saber interpretá-las com honestidade e senso crítico.

Ainda de acordo com o relatório de 2003 do PNUD, o Brasil tem um desempenho preocupante no acesso ao saneamento básico. A bronca principal refere-se à lentidão da melhoria das condições sanitárias da população brasileira. Dados desse relatório registram que, em 1990, 29% da população não tinha acesso ao saneamento. Onze anos depois, no levantamento de 2001, 24% dos brasileiros permaneciam sem esse serviço. Veja bem: em pleno século XXI, temos 42,5 milhões de pessoas morando em lugares sem tratamento de esgoto. A meta do PNUD é que o país ofereça acesso a 86% da população até 2015.

Estima-se que 80% das doenças humanas sejam causadas ou disseminadas pela falta de saneamento básico. A cada ano, as doenças transmitidas pela água contaminada causam três milhões de mortes no planeta, na maioria de crianças. Outras estimativas falam de cerca de seis mil crianças morrendo por dia, no mundo todo, devido a doenças transmitidas pela água. O relatório da ONU sobre os recursos hídricos fala em 1,1 bilhão de pessoas sem água potável e 2,4 bilhões sem saneamento adequado – ou seja, um em cada seis habitantes do planeta não tem acesso à água e dois em cada cinco estão sem saneamento.

Nos últimos dois séculos, a população mundial quintuplicou, gerando as conseqüentes demandas por habitação, transporte, energia e saneamento. A explosão demográfica no século passado – notavelmente nos países pobres – aumentou a competição por recursos hídricos para uso doméstico, industrial e para a produção agrícola. Entre 1901 e 2000, a população brasileira decuplicou – saltou de 17,4 para 169,6 milhões de pessoas!

Além dos problemas relacionados com a poluição, a contaminação dos reservatórios naturais e a degradação ambiental provocada pela urbanização e industrialização desordenadas, calcula-se que 40% da água tratada seja desperdiçada devido ao escoamento defeituoso nas tubulações e à má utilização doméstica. O resultado é o que vemos nos jornais e sentimos na pele. São centenas de casos, mas vou citar apenas três.

1. Em agosto de 2003, todas as comunidades localizadas em áreas altas da Grande Florianópolis sofriam de falta de água, segundo a Companhia Catarinense de Águas e Saneamento (Casan).

2. Desde setembro de 2003, quinze milhões de pessoas nos estados de Minas Gerais, São Paulo e Rio de Janeiro estão à beira de um racionamento. A pior seca dos últimos 55 anos na região, agravada por um acidente ecológico em Cataguazes (MG) e também pela falta de planejamento, provocou o esgotamento dos reservatórios das empresas que fazem captação na região da bacia hidrográfica do rio Paraíba do Sul.

3. Os moradores de Mariana, cidade mais antiga de Minas Gerais, também estão sendo obrigados a suportar o racionamento de água. Em setembro de 2003, uma estiagem de vários meses comprometeu a captação para o abastecimento dessa histórica cidade. Segundo a prefeitura, só o racionamento era capaz de evitar um colapso no sistema de abastecimento. Há muitos outros exemplos, mas é melhor que você mesmo os encontre folheando o jornal do dia – ou verificando a água da torneira de sua casa.

Estamos lidando com uma bomba-relógio?

Recursos finitos

Entretanto, o aumento da população não é o único responsável pela escassez mundial. A crise ambiental é sobretudo um reflexo da grande crise do modelo de civilização urbano-industrial, cuja etapa atual de desenvolvimento, fundamentada no crescimento contínuo da produção e do consumo, na exploração progressiva dos recursos naturais e no conseqüente aumento do acúmulo de lixo, esgoto e poluição, tem-se mostrado definitivamente insustentável a médio prazo. Estudiosos afirmam que o impasse ambiental decorre da ideologia do progresso infinito que considera a natureza uma fonte inesgotável e suficientemente capaz de absorver todos os resíduos industriais. Portanto, no fundo, o que ambientalistas contestam são os próprios padrões de desenvolvimento econômico planetários.

Essa situação parece impor um dilema aos países em desenvolvimento. A necessidade urgente de industrialização e crescimento econômico significa, ao mesmo tempo, um aumento proporcional do risco de provocar danos ambientais. Mais fábricas, mais produção, consumo e poluição. É fácil perceber que essa discussão tem tudo para se perder em um maniqueísmo. Crescimento econômico ou meio ambiente? Distribuição de renda ou "Viva a natureza!"? Mais emprego ou "Salvem as baleias!"?

Na verdade, é um falso dilema. Por princípio, o movimento ecológico é sobretudo uma luta por transformações sociais. Essa é uma premissa tão fundamental que convém enfatizar: a luta ecológica nunca está desvinculada das lutas por melhores condições humanas. Portanto, a discussão fica mais pertinente se tomarmos outro rumo. O relatório das Nações Unidas sobre o Desenvolvimento dos Recursos Hídricos Mundiais trabalha com a noção de que a pobreza de grande parte da humanidade é igualmente sintoma e causa da crise da água.

"Oferecer aos pobres acesso melhor à água tratada pode significar uma grande contribuição para a erradicação da miséria", diz o documento. O raciocínio é que um bom planejamento no abastecimento, incluindo aí a contenção de desperdícios, unido a uma boa infra-estrutura sanitária, que implica tratamento de esgoto, são medidas que preservam os recursos hídricos justamente para promover o desenvolvimento humano e vice-versa. Não há segredo. Parece simples (e até óbvio), não?

Lembra daquele princípio que reconhece o papel da mulher na proteção dos recursos hídricos? Pois é disso que estamos falando. Em muitas sociedades, a gestão da água está no centro das tradicionais responsabilidades das mulheres. São elas que buscam e armazenam água, cozinham, limpam a casa e tratam da higiene das crianças. Freqüentemente, essas tarefas representam um dia inteiro de trabalho longo e cansativo. Há regiões em que as mulheres gastam mais de cinco horas por dia coletando lenha e água, e mais quatro para preparar comida. De acordo com dados no *site* oficial do Ano Internacional da Água Doce (www.wateryear2003.org), 90% do trabalho de coleta de água e lenha em diversos territórios da África é exclusivamente feito por mulheres. Esse quadro não é diferente de muitas regiões no Brasil. Assim, prover infra-estrutura de abastecimento a essas populações reduziria fortemente a carga feminina de trabalho pesado, o que proporcionaria tempo livre para que elas pudessem exercer outras atividades econômicas. Para seus filhos, que não raro passam o dia ajudando as mães nessas tarefas, esse tempo poderia ser usado para freqüentar escolas.

As mulheres costumam assumir um papel crucial na educação dos filhos para o uso racional dos recursos hídricos. Sua consciência sobre a qualidade da água é maior, pois normalmente são elas que mais olham pela casa e cuidam dos filhos pequenos – em geral os mais vulneráveis a doenças desencadeadas por falta de higiene. Parece absurdo, mas há dois milhões de crianças morrendo por ano de diarréia no planeta! Só em Moçambique são 55 crianças morrendo por dia, segundo o Unicef. Normalmente essas doenças são evitadas com medidas simples, como ensinar as crianças a lavar as mãos após usar o banheiro ou antes das refeições.

Portanto, o discurso que opõe proteção dos recursos hídricos a desenvolvimento humano simplesmente não faz sentido. Essa noção de complementaridade até já inspirou um dos conceitos mais sugestivos desse apreensivo começo de século XXI. Pela primeira vez na história, o acesso à água foi explicitamente reconhecido como um "direito fundamental do homem". Na Convenção de Direitos Econômicos e Culturais, firmada em novembro de 2002, 145 países ratificaram o documento conclamando governos a garantir que todas as pessoas tenham acesso à água saudável e segura, distribuída de maneira eqüitativa, sempre que necessitarem, livre de constrangimentos ou discriminações. Água é direito básico. É líquida e certa!

Esse é o pensamento de ativistas como a indiana Vandana Shiva, física, filósofa, diretora da Fundação de Pesquisa sobre Ciência, Tecnologia e Política de Recursos Naturais de Nova Délhi e autora de *Water wars*, entre outras obras; e o italiano Riccardo Petrella, economista e secretário-geral do Comitê Internacional do Contrato Mundial da Água. Ambos são importantes críticos mundiais do que chamam de "projeto de privatização da água". Eles defendem que a água é um direito universal, um bem de propriedade comum, e não pode se tornar um *commodity*. Assim, criticam duramente os acordos na Organização Mundial de Comércio (OMC) que liberalizam a exploração dos recursos hídricos incentivando a omissão dos estados para promover a privatização dos serviços essenciais.

Aldo Rebouças, geólogo, pesquisador do Instituto de Estudos Avançados (IEA) da Universidade de São Paulo (USP) e um dos coordenadores da obra *Águas doces no Brasil* (Escrituras, 2002), afirma que é mais importante saber usar a água do que ostentar abundância. Em entrevista concedida à Agência Carta Maior (www.agenciacartamaior.com.br), o geólogo afirmou que é favorável, por exemplo, à garantia de uma cota mínima de água à população. Sem cobrança. Ele defende que essa cota diária poderia ser de cem litros por habitante, e que acima desse volume a água deveria ser cobrada quando tivesse um fim econômico.

Com relação à privatização da água, Rebouças tem uma visão moderada. Para ele, se é evidente que existem muitos fracassos nas privatizações, também é verdade que os governos não têm dinheiro nem eficiência para resolver o problema. Ele acredita que é necessário ocorrer uma parceria verdadeira entre Estado e empresas.

Essa exposição das idas e vindas no raciocínio ambiental serve para deixar claro ao jornalista e ao leitor o campo minado dos discursos ambientalistas, assim como a necessidade de uma compreensão ampla dos temas correlacionados para realizar uma boa reportagem. Mas vamos complicar mais as coisas a fim de delinear o assunto.

O negócio da água

Como foi aqui esboçado, a questão da privatização e do comércio dos recursos hídricos tem gerado muita controvérsia. Governos, empresas, agências de financiamento e ONGs divergem frontalmente sobre as soluções para resolver a deficiência no abastecimento de países pobres. Os defensores da privatização argumentam que os estados não conseguem, sozinhos, recursos suficientes para investimentos. As ONGs afirmam que as experiências dos últimos anos mostram que as empresas privadas aumentam as tarifas abusivamente, não melhoram os serviços e tampouco se interessam em estendê-los aos mais pobres.

Quando ambientalistas falam da crescente valorização do *commodity* água em relação ao petróleo, especulando que nos próximos anos a importância econômica será equivalente, convém prestar atenção. Talvez não estejamos mesmo muito longe disso. Vale farejar alguns indícios. No terminal rodoviário de São Paulo, por exemplo, podemos encontrar lanchonetes que vendem uma garrafa de 510 ml (meio litro) de água mineral por R$ 1,40 – o que daria, aproximadamente, R$ 2,75 o litro – ou seja, mais caro que o litro da gasolina vendido por pouco mais de R$ 2,00. Assustador, não?

A nossos avós, era simplesmente inconcebível que alguém se dispusesse um dia a pagar o que quer que fosse por uma garrafinha de água! A idéia era ridícula, ninguém ganharia dinheiro com isso. Comprar água? A água está aí nos rios, nas fontes. Tem para todo mundo, de graça. Que idéia! Coisa inconcebível, evidentemente.

Mas, hoje, início de século XXI, os brasileiros são o sexto maior mercado consumidor de água mineral engarrafada do planeta. O faturamento da indústria brasileira nesse setor foi estimado em quatrocentos milhões de dólares em 2001. E os números crescem a cada ano. De acordo com dados divulgados pela Associação Brasileira da Indústria de Águas Minerais (Abinam), de 1997 a 2001 o setor registrou crescimento acumulado de 104%. Somente em 2001, o consumo de água mineral engarrafada cresceu 23% em relação ao ano anterior, somando 4,3 bilhões de litros. Se computadas as formas indiretas de consumo – como ingestão na fonte e utilização na indústria de bebidas e alimentos –, o volume sobe para 4,7 bilhões de litros. Assim, o país reúne ao mesmo tempo a maior reserva hídrica do mundo e o sexto maior mercado de água engarrafada do planeta. Negócio perfeito!

Nos últimos cinco anos, a multinacional suíça Nestlé tornou-se a maior engarrafadora de água mineral do mundo. Essa ampliação é parte da estratégia global da empresa de crescer em todos os mercados possíveis. Para se transformar na gigante da água mineral, a empresa havia adquirido, até março de 2003, dezesseis empresas do ramo – entre elas a mundialmente famosa Perrier. Mas esses números já devem estar defasados, pois a atual estratégia da Nestlé é comprar, em média, uma empresa de alimentos no mundo a cada quinze dias.

Entretanto, a presença da empresa suíça no mercado de exploração de águas no Brasil não tem sido pacífica. O Movimento Cidadania pelas Águas (www.cidadaniapelasaguas.net) encabeça uma ruidosa manifestação contra a Empresa de Águas de São Lourenço, pertencente à Nestlé. Os ativistas querem o fim do que chamam de superexploração das águas minerais que movem o turismo local (uma das principais atividades econômicas da cidade). A organização afirma ter identificado nas atividades da Nestlé uma série de procedimentos considerados ilegais. Alguns deles são hoje objeto de ação civil pública.

Entre os danos causados, citam o secamento de uma das fontes devido à superexploração do Poço Primavera; desperdício em outro poço que ficou jorrando sem uso por mais de um ano porque a água, altamente mineralizada, foi considerada imprópria para embalagem e consumo; e redução da pressão das fontes, afundamentos de alguns pontos do solo e alteração do sabor tradicional das águas.

A propósito, uma das maiores acusações se refere à desmineralização das águas para a produção da água mineral Pure Life, da Nestlé. As águas de São Lourenço são naturalmente ricas em ferro e outros minerais, e por isso fazem bem à saúde. No entanto, segundo a ONG, a empresa suíça retira os minerais para o engarrafamento desse produto, que é do gênero "água comum adicionada de sais". Os ativistas alegam que, em geral, produtos como Pure Life são produzidos com águas superficiais retiradas de rios (ou seja, mais facilmente renováveis) que são purificadas e recebem sais industrialmente. Portanto, desmineralizar industrialmente águas subterrâneas, de reservatórios esgotáveis, para comercializá-las como água comum, seria um grande desperdício e um crime ambiental, segundo o movimento.

Em resposta enviada a um pedido da revista *NovaE* (www.novae.inf), Marcelo Marques, gerente industrial da empresa de Águas São Lourenço, do Grupo Nestlé, afirmou que a empresa atua junto com órgãos regulatórios e fiscalizadores — o Departamento Nacional de Produção Mineral (DNPM) e a Fundação Estadual do Meio Ambiente (Feam) —, que todos os pareceres afirmam que a Nestlé opera de maneira legal e, portanto, não existem indícios de superexploração dos aqüíferos de São Lourenço. Afirma também que a empresa atendeu a todas as exigências da legislação ambiental para obter a licença. De acordo com informações divulgadas no *site* da Associação Brasileira da Indústria de Águas Minerais (Abinam) em julho de 2003, Rubin Marzel, porta-voz da Nestlé, disse à reportagem da *Folha de S. Paulo* que a empresa extraiu trinta mil litros dos poços, enquanto tinha permissão para extrair 35 mil.

No entanto, segundo ainda informações divulgadas pela Abinam, a ONG suíça Declaração de Berna, especializada na defesa do meio ambiente, afirmou seu apoio ao projeto Cidadania pelas Águas e criticou as atividades da Nestlé no Brasil*. A exploração econômica da água já tem originado conflitos em vários lugares do planeta. Em Cochabamba, Bolívia, região em que a água é muito escassa, ocorreu um caso que se tornou clássico na resistência das comunidades contra a privatização dos serviços públicos de abastecimento.

---

* Segundo informações da *Revista do Terceiro Setor – Rits*, de 21 de janeiro de 2004, a Nestlé firmou acordo com a secretaria de Estado de Meio Ambiente e Desenvolvimento Sustentável de Minas Gerais (Semad) sobre a exploração de água em São Lourenço. As negociações definiram que a Nestlé deve transferir para outro local a produção da água Pure Life.

Em 1999, após comprar o Servicio Municipal de Agua Potable y Alcantarillado (Semapa), a subsidiária da empresa norte-americana Bechtel, especializada em construção, engenharia, tecnologia e financiamento, levou o custo médio familiar de consumo hídrico a vinte dólares. Isso em uma cidade em que o salário mínimo não chegava a cem dólares. As pessoas simplesmente passaram a não ter dinheiro para pagar pela água.

A partir de janeiro de 2000 a população se organizou para realizar diversas manifestações de protesto, encabeçadas pela Coordenadoria de Defesa da Água e da Vida. Essas movimentações paralisaram a cidade por quatro dias. O governo prometia baixar o preço da água, mas ficava só na promessa. A organização coordenou uma grande marcha pedindo a revogação da lei de privatização e os ativistas foram violentamente reprimidos. Mas os protestos continuaram até que, em 10 de abril de 2000, a Bechtel desistiu do negócio e deixou a Bolívia. O governo acabou revogando a lei e o controle da Semapa foi entregue à população, cujo atual desafio é estabelecer uma verdadeira democracia da água. Hoje, a Bechtel tem um contrato de 680 milhões de dólares para participar da reconstrução do Iraque.

De acordo com informações no *site* da empresa norte-americana (www.bechtel.com), o governo da Bolívia tinha optado pela privatização porque o mau gerenciamento da água de Cochabamba na época da Semapa deixava 40% da população sem serviço de abastecimento. O restante da população, ainda segundo a Bechtel, recebia água de má qualidade e em apenas algumas horas do dia.

A empresa diz ainda que o governo permitira a elevação da taxa de abastecimento em 35%, em janeiro de 2000, para que fossem pagas as dívidas e realizadas as obras de melhoramento no sistema. Mesmo depois desses aumentos, os valores cobrados eram 20% menores do que a média na América do Sul. A Betchel afirma que em fevereiro, depois das pressões, o governo reduziu as taxas, o consórcio ressarciu a diferença à população mas, ainda assim, os protestos continuaram.

Mesmo com esses problemas localizados, as gigantes multinacionais não deixam de vislumbrar grandes negócios na América Latina, tão carente em saneamento básico e, portanto, um mercado em potencial. De acordo com dados da Associação Brasileira de Engenharia Sanitária e Ambiental (Abes), a Águas Guariroba, atual empresa de saneamento de Mato Grosso do Sul (MS), tem 50% de suas ações pertencentes à empresa espanhola Águas de Barcelona (Agbar), 43% pertencentes à Cobel Engenharia e 7% ao estado de Mato Grosso do Sul. O contrato de concessão, assinado em outubro de 2000, permite a administração dos serviços de saneamento da cidade de Campo Grande por trinta anos. Os planos prevêm que, até o fim do contrato, 70% da população tenha acesso à rede de esgoto. Hoje são apenas 20%.

A propósito, a espanhola Agbar tem aproveitado bem as oportunidades na América Latina. Hoje é sócia até mesmo da Águas de Havana, empresa que assumiu a gestão dos serviços públicos de água e esgoto na capital cubana. Portanto, uma grande tarefa da imprensa é acompanhar o desenvolvimento dessas metas de atendimento, assim como verificar eventuais tarifas extorsivas e ficar atenta à qualidade do serviço.

No entanto, essa atitude esbarra em um problema. Conforme a pesquisa "Perfil dos formadores de opinião relacionado às questões ambientais: o caso de duas empresas brasileiras de mídia impressa", realizada por Ângela Lemos, Neila Cunha e Daniel Conrado, grande parte dos jornalistas entrevistados pelos pesquisadores acredita contar com liberdade de expressão "relativa" na cobertura do meio ambiente. Ou seja, se sentem livres para publicar suas matérias, desde que não sejam feridos os interesses econômicos de alguns. Na prática, isso significa que as empresas jornalísticas pesquisadas dificilmente aprovam reportagens sobre degradações ambientais provocadas por seus grandes anunciantes. Apesar dos *slogans*, o compromisso nem sempre é com o público ou o coletivo.

Ecocatástrofes e histeria

O Quadrilátero Ferrífero, área que abrange diversas cidades mineiras, como Ouro Preto, Santa Bárbara e Nova Lima, é uma das principais regiões minerais do país. Lá também está localizada parte de duas grandes bacias hidrográficas de Minas Gerais: a do Rio das Velhas e a do Rio Doce. Durante o período do Ciclo do Ouro, iniciado no final do século XVII, a região experimentou uma era de extraordinária riqueza. Nessa época, Minas Gerais chegou a contribuir com 50% da produção mundial de ouro, transformando os rumos da história do país e do mundo. No entanto, a glória do passado deixou um custo para o presente: a contaminação de águas, solos e plantas por metais pesados.

O Grupo de Pesquisa Geoquímica Aplicada a Estudos Geoambientais, ligado ao Departamento de Geologia da Escola de Minas da Universidade Federal de Ouro Preto (Ufop), tem realizado estudos sobre áreas contaminadas por metais pesados. Evidentemente, trezentos anos de exploração de minério preocupam pesquisadores, que temem a contaminação das águas da região por arsênio – elemento comumente encontrado nas jazidas de Ouro Preto. Em concentrações elevadas, ele pode provocar câncer de pele, pâncreas e pulmão, além de abortos e deficiências no sistema nervoso.

Contudo, assim que os primeiros indícios de contaminação foram levantados por estudiosos, o caso foi imediatamente alardeado pela imprensa, com todo alvoroço lamentavelmente característico, gerando apreensão e medo desnecessário na população local. O zelo cauteloso da hipótese científica metamorfoseou-se na mídia num espetáculo de contaminação em massa.

Em entrevista à revista *Fapemig* de junho/agosto de 2003, o professor Hermínio Arias Nalini Júnior, coordenador do Laboratório de Geoquímica Ambiental da Ufop, admite que há o risco de "parte" das águas de Ouro Preto e Mariana estar contaminada. No entanto, esclarece que, até então, não havia dados suficientes para tirar qualquer conclusão: "Será necessário, no mínimo, um ano de estudos para que possamos dizer qual a real situação dos recursos hídricos dos municípios no que se refere à possível contaminação por metais. (...) Ainda assim, a cada ano, deveremos coletar amostras para controle, já que podem ocorrer mudanças físico-químicas no meio", afirmou.

Segundo o pesquisador, um fator preocupante é a proliferação de captações clandestinas. Ou seja, pessoas encontram água no fundo do quintal – às vezes proveniente de antigas galerias de minas de ouro – e aproveitam essas fontes para uso doméstico. Eis um tipo de educação ambiental que os jornais podem fazer. Contextualizar, informar e traduzir as pesquisas para uma linguagem acessível.

Abraçar a cobertura ambiental não significa aderir à histeria. Da mesma forma, problematizar as questões e fornecer subsídios criteriosos ao debate público não combina com o maniqueísmo usual nas militâncias ideológicas. Ao contrário, alimentar a neurose coletiva com previsões atemorizantes, além de promover a desinformação, pode de fato levar populações, instituições e governos a optar por soluções enganosas ou contraproducentes. O entusiasmo retórico muitas vezes tende a ficar cego diante do evidente – argumentos e fatos são duas coisas diferentes.

O filósofo Francis Bacon deu um bom conselho aos estudiosos da natureza, que serve muito bem ao jornalista e seus leitores: "Suspeitem de tudo que sua mente adotar com muita satisfação!". Significa que, se as notícias e previsões de "ecocatástrofes" são atraentes para espectadores ávidos por emoções, convém, entretanto, nutrir uma desconfiança crítica diretamente proporcional ao tamanho da desgraça divulgada, em especial quando as conseqüências de desastres ambientais são anunciada ao lado de verbos como "poderá", "suspeita-se", "supõe-se" etc.

Não significa ser cínico ou ingênuo perante a evidência da degradação ambiental, mas é preciso estar atento aos sofismas dos discursos opostos – venham eles de ativistas cataclísmicos ou de empresas poluidoras oportunistas. A imprensa faria um trabalho melhor se simplesmente tratasse as informações científicas de forma menos passional, o que não quer dizer neutralidade. Em se tratando de meio ambiente, mais do que em outras especializações, neutralidade é utopia.

O historiador Eric Hobsbawm, em *Era dos extremos: o breve século XX: 1914-1991* (Companhia das Letras, 1998), no capítulo sobre a desconfiança e o medo que as pessoas nutriram pela ciência e suas possíveis conseqüências, lembra a "extraordinária rebelião" ocorrida nos Estados Unidos de grupos que protestavam contra a prática de incluir flúor no abastecimento de água. Em meados do século XX, descobriu-se que a absorção desse elemento reduziria de forma impressionante a deterioração dentária em populações. Mas essa prática sanitária enfrentou uma resistência acirrada nesses grupos. Alguns protestavam veementemente em nome da liberdade de preferir cáries! Outros, mais extremados, se revoltavam contra o que chamavam de trama diabólica para envenenar os americanos por meio do sistema de abastecimento de água.

A questão é que a mídia nem sempre se pauta pelo incentivo ao debate público. Assim, prefere dar destaque às ecocatástrofes, fazendo de manchetes terrorismo, ressaltando a ecologia sob a face do medo, conquistando a audiência por meio do enfoque superficial, apressado ou distorcido. Por quê?

O jornalista Klester Cavalcanti, um dos editores da revista *Caminhos da Terra*, trabalhou por dois anos fazendo a cobertura da Amazônia para a *Veja* entre 1998 e 2000. Em uma palestra realizada em setembro de 2003 a alunos de Comunicação Social na Universidade de Uberaba (Uniube), Cavalcanti falou sobre a tendência dos meios de comunicação – especialmente a TV – de preferir chamar a atenção da audiência mediante o espetáculo, em vez de prestar um bom serviço promovendo a educação ambiental.

Ele citou o caso das recorrentes reportagens que sempre causam sensação ao enfatizarem o perigo mortal de mergulhar em rios cujas águas são hábitat daquelas violentíssimas criaturas aquáticas: as piranhas! Uau! Eis que o impetuoso cinegrafista arrisca a vida equilibrando-se em um bote para captar uma cena extraordinária de um cardume de treze a – que coragem, virgem santíssima! – dezessete piranhas assassinas. Câmeras navegam entre dentes afiados por onde escorre um fio de sangue que poderia ser de uma criança recém-devorada. Aquelas mandíbulas articulam-se ameaçadoras e ávidas para o repórter; aqueles olhos de peixe-vampiro fitam o telespectador em um desafio fatal, e as piranhas malditas parecem querer estilhaçar o vidro da TV-aquário e saltar enlouquecidas na sala para esquartejar a inocente família reunida no sofá.

No entanto, Klester Cavalcanti garantiu: "Isso é tudo bobagem! Piranha não ataca ninguém. Eu mesmo já pesquei em rio de piranha com água até a cintura e nunca fui mordido". Os alunos que assistiam à palestra pediram que ele repetisse isso. Como assim? Piranha não ataca? "É só pensar um pouquinho. Se piranha fosse esse bicho tão devastador, o que seria dos outros animais da floresta? As onças nadam o tempo todo de uma margem a outra. Se fosse assim, não existia mais onça."

Educação ambiental

Nos cadernos de turismo, são periódicas as matérias deslumbradas de repórteres que perdem o fôlego e se declaram fascinados com cachoeiras exuberantes localizadas em sítios arqueológicos e paraísos tropicais de beleza indescritível. Eles têm razão! Serranópolis (GO), Serra do Cipó e Serra da Canastra (MG), Bonito (MS) e suas águas cristalinas e as trilhas fantásticas e a mata semivirgem, os tucanos que rasgam o céu sob nuvens multicoloridas, o pôr-do-sol inigualável e as criaturas mágicas que cantam em coro convidando casais de ecoturistas a montar suas barracas e curtir uma lua-de-mel radical sob as estrelas que só aparecem por lá... Cachoeiras sempre rendem pautas inspiradas...

As reportagens costumam dar todas as dicas do caminho para o paraíso: siga tal trilha, na primeira bifurcação vire à direita, no quilômetro tal tem um pedágio, leve repelente de mosquitos etc. No entanto, são raríssimas as matérias acompanhadas por um texto complementar, informando, por exemplo, se no local há infra-estrutura básica – como áreas de *camping* ou pousadas com cestos de lixo – ou se é necessário que os visitantes levem sacos plásticos para coletar o lixo que produzem.

Turistas podem poluir e contaminar os rios de diversas maneiras. Segundo Paulo Pucci, diretor da ONG ambiental Kurupyra, dependendo da quantidade de visitantes, o ato de urinar e defecar nas águas já pode provocar alguma contaminação. Apesar da autodepuração das águas, se houver algum ponto de captação nas proximidades, as fezes podem até mesmo propagar doenças por meio do sistema de abastecimento. Para ele, o ideal é eliminar as fezes pelo menos a sessenta metros de distância do leito do rio e enterrá-las.

Outra irregularidade infelizmente comum em turistas predatórios é pôr fogo no pé de árvores, ou coletar mudas de plantas nativas. Pucci diz que é preciso conhecer o ecossistema antes de interferir nele. Em áreas estaduais ou federais, como o Parque Nacional da Serra da Canastra, não é permitido sequer entrar com bronzeadores ou protetor solar, justamente para evitar manchas de óleo nas águas. Nesses locais, o controle é maior porque há normas de uso e certa fiscalização. No entanto, cachoeiras localizadas em grandes fazendas particulares ou em áreas públicas sem fiscalização estão à mercê da consciência ambiental dos turistas.

Nas cachoeiras de Lavras Novas, vilarejo pertencente a Ouro Preto (MG), por exemplo, há diversas placas avisando: "Leve seu lixo. Cachoeira não é lixeira". A poluição e a degradação ambiental provocada pelo turismo predatório são graves preocupações de ambientalistas e administradores, até porque já existem casos de complexos turísticos em decadência por causa das consequências da gestão insustentável.

Em Minas Gerais, a região do Circuito das Águas, no sul, já foi um dos maiores pólos de turismo do estado. Essa região recebia milhares de visitantes de diversas regiões do país e do mundo. No entanto, depois de anos de urbanização desordenada, superexploração de águas minerais, desmatamento e loteamentos clandestinos, o circuito entrou em decadência. A inexistência de planejamento descaracterizou seu patrimônio cultural e natural, desperdiçando seu potencial turístico.

O Instituto de Geociências Aplicadas de Minas Gerais (IGA) realizou, entre 1997 e 2000, um mapeamento nos 31 municípios da região. O objetivo dessa pesquisa é orientar os municípios – muitos em estado de abandono – a desenvolver novas atividades e aproveitar suas potencialidades. Entre os principais problemas envolvendo os recursos hídricos, foram constatados assoreamento dos rios poluição dos cursos d'água e dos reservatórios, além de enchentes recorrentes. Para revitalizar a região, os pesquisadores sugeriram, entre outras medidas, mais investimentos em saneamento básico; monitoramento das águas na agricultura, abastecimento e lazer; recuperação das matas ciliares e controle da erosão.

Os Planos Diretores de Recursos Hídricos são instrumentos importantes para o planejamento de políticas de desenvolvimento nos estados. Esses documentos definem estratégias de gestão e aproveitamento racional das bacias hidrográficas, especialmente nos setores de saneamento, irrigação, drenagem, geração de energia elétrica, abastecimento doméstico e industrial e controle ambiental. Quais são as estratégias de seu estado, ou de sua cidade, para as bacias hidrográficas de sua região?

Há um sério problema com relação aos planos diretores. Mesmo os mais criativos e socialmente relevantes não raro naufragam em um problema lamentavelmente comum à maior parte dos projetos sociais: falta de verba. E assim, mais uma vez, os veículos de comunicação devem estar atentos em sua pauta diária para cobrar o governo.

Diversos temas de educação ambiental são recorrentes na imprensa. Normalmente as pautas aproveitam o "gancho" de situações críticas, como períodos de seca e escassez, para orientar o cidadão quanto ao uso racional dos recursos hídricos. Parece redundância, neste artigo, falar sobre a necessidade de educar a população para economizar água. Todos sabemos as regras: escovar os dentes sem deixar a torneira aberta, não deixar o chuveiro jorrando à toa, procurar um uso racional da água de mangueira quando lavamos o carro, o quintal etc.

No entanto, o papel do jornalismo ambiental não é apenas repetir o que já sabemos, mas contribuir na difusão de informações pertinentes para que a sociedade possa primeiramente conhecer os problemas para então articular as soluções. E isso já é uma grande, uma enorme tarefa. Há muitas dificuldades para realizar uma boa cobertura do meio ambiente. Já analisamos a problemática dos números e a tendência de fazer sensacionalismo. Vamos ver agora outros entraves.

Simplismos finais

Mesmo o jornalismo ambiental sério não raro tropeça em uma série de obstáculos próprios dessa área. O manual *Dez dicas práticas para reportagens sobre o meio ambiente*, escrito pelo jornalista Peter Nelson em um projeto do Centro para Jornalistas Estrangeiros (Center for Foreign Journalists – CFJ) e do Fundo Mundial para a Natureza (WWF), traz questões importantes na discussão da cobertura ambiental. Já no prólogo, o autor expõe algumas das dificuldades na elaboração de notícias sobre meio ambiente:

São abrangentes, pois discorrem sobre a própria vida. São interdependentes, pois estão relacionadas com outros campos, como a política, a cultura e a economia. São complexas e, portanto, incompatíveis com explanações e fórmulas simplistas. São técnicas, o que significa que exigem uma certa especialização. As reportagens sobre o meio ambiente são imprecisas, porque a ciência do meio ambiente é imprecisa – nas suas fontes, nos seus dados, na metodologia científica e nas soluções. E são carregadas de emoção, por causa do efeito que exercem sobre as pessoas (Nelson, 1991).

Daí podemos tirar quase todos os pretextos usados para justificar coberturas deficientes. Quando temas complexos são abordados por profissionais despreparados, o resultado evidente é a difusão indiscriminada de equívocos e lugares-comuns – e o mais grave é que com freqüência são apresentados como informação científica. Vamos pescar algumas delas.

Uma das incorreções mais comuns é afirmar – já no *lead* (ou seja, na "cabeça" da matéria jornalística) – que o planeta Terra é constituído de 70% de água e 30% de terra. Esse dado normalmente vem ao lado da entusiasmada e sugestiva associação com a proporção de água encontrada na composição corporal dos seres vivos, em um esforço de raciocínio que procura transformar metáforas em premissas para subsidiar a hipótese de Gaia – a Terra como um organismo vivo. Mas é preciso esclarecer as informações e tomar muito cuidado, especialmente com os conceitos elementares, para que o raciocínio não saia distorcido já na primeira premissa.

De acordo com o biólogo Samuel Murgel Branco, autor de *Água: origem, uso e preservação* (Moderna, 1993), a Terra possui um volume total de um trilhão de km^3. Mas o volume de água que preenche os vazios da crosta terrestre gira em torno de 1,3 bilhão de km^3. A proporção é cerca de um para mil, ou seja, a água ocupa apenas a milésima parte do volume de terra do planeta!

Os tais 70% seriam corretamente atribuídos quando consideramos apenas a superfície do planeta, tal como facilmente podemos deduzir medindo com os olhos a parte azul de um globo terrestre. Portanto, aquela conclusão é (mil perdões pelo trocadilho) simplesmente superficial. Eis aí um exemplo de imprecisão muito comum, e que não raro serve de base para conclusões excêntricas.

Os seres vivos, estes sim, são basicamente água. O tomate, por exemplo, é 95% água. Os vegetais são compostos, em média, de 70% de água. O corpo humano adulto também possui de 60% a 70% de seu peso composto de água. Por isso, a ciência hoje trabalha com a idéia de que a vida na Terra teve origem nos oceanos – o líquido amniótico original. Nos primeiros anos do século XX, o cientista britânico Archibald Byron Macallum (1859-1934) realizou uma série de pesquisas e verificou que a composição química da água do mar é muito semelhante à do sangue animal! A diferença básica é que os oceanos possuem mais magnésio e o sangue contém mais potássio. Mesmo assim, geólogos calculam que há milhões de anos os oceanos possuíam menos magnésio e mais potássio do que hoje, aproximando, então, as composições. Assim, a maneira que a natureza encontrou para que pudéssemos viver fora da água foi permitir que carregássemos, no corpo, a imensidão dos oceanos. Veja que interessante!

A popularização da fórmula H$_2$O também se deu ao custo de uma simplificação que esconde a complexidade da configuração das moléculas de água nos três estados físicos – gasoso, líquido e sólido. A água só é

H_2O quando em estado de vapor – ou seja, quando sua temperatura supera cem graus. Quando em estado líquido, as moléculas se reconfiguram na fórmula H_4O_2 – quatro átomos de hidrogênio se ligam a dois de oxigênio para constituir uma molécula de água. Mas, na verdade, a configuração exata ainda é outra, pois a H_4O_2 trata-se de H_6O_3 dispersa em solução. Assim, H_2O – a fórmula clássica – refere-se à proporção, e não à configuração de fato das moléculas. Por isso, muitos especialistas preferem usar a fórmula $(H_2O)_n$ para ser mais precisos.

Quando ler em algum lugar que a água é pura, saiba que se trata de uma metáfora para dizer que ela está límpida, brilhante etc. Contudo, se alguém quiser dizer que a água está literalmente pura, agora você já sabe: é bobagem! Água pura não existe na natureza. Uma de suas maiores características é justamente a extraordinária capacidade de dissolver outras substâncias. Por isso, a água encontrada na natureza é sempre uma mistura dos elementos existentes na superfície do planeta. Os oceanos possuem, além de muitas outras substâncias, dezenas de metais. Mesmo a água destilada em laboratórios apresenta gases como nitrogênio, oxigênio e gás carbônico. A propósito, são justamente esses compostos que tornam a água um ambiente propício para a vida aquática. Água pura seria um deserto inóspito para peixes e outros seres.

Aristóteles foi um dos primeiros a supor que as águas absorvidas pelo solo formavam lagos e rios subterrâneos. Ainda hoje muitas pessoas imaginam os lençóis freáticos como grandes cursos d'água cujas correntes navegam livres no subsolo. Um grande equívoco. As águas embebidas pela terra infiltram-se no solo e preenchem os espaços vazios entre os grãos de argila, de areia ou de rochas que, como esponjas, constituem assim os depósitos de água subterrânea. Quando essas rochas ficam saturadas, cedem lentamente sua água a rios, nascentes, raízes dos vegetais e poços escavados pelo homem. É por causa desses depósitos que os rios permanecem cheios, mesmo quando não chove.

Daí a preocupação com a capacidade do solo em receber e reter as águas. A presença de vegetação aumenta a permeabilidade da terra, contribuindo, portanto, para o armazenamento dos depósitos subterrâneos.

Áreas impermeáveis, como em regiões desérticas e sem vegetação, ou nas metrópoles asfaltadas, costumam sempre passar por enchentes. As águas não infiltradas escorrem e enchem os rios muito depressa. As águas subterrâneas costumam ser de boa qualidade porque estão longe da superfície e, portanto, distantes da poluição. Além disso, em geral as águas mais profundas dissolvem minerais que tornam a água uma fonte de saúde. Dessa forma, uma grande preocupação é a perfuração indiscriminada de poços artesianos que podem contaminar essas águas.

Com freqüência, esses equívocos surgem de um comportamento particularmente preocupante dos jornalistas: vergonha de perguntar. Alguns jornalistas sentem-se intimidados perante especialistas e muitas vezes não questionam suficientemente para obter as explicações de que precisam. "É fácil acenar com a cabeça, fingindo compreender tudo, enquanto a fonte despeja uma torrente de palavras. Muitos jornalistas receiam admitir sua falta de conhecimento sobre um assunto, ou fazer uma pergunta tola", escreve o jornalista Peter Nelson.

Sobretudo depois do período de intensa redução de pessoal nas redações, editorias ambientais nem sempre contam com jornalistas especializados. Normalmente, repórteres cobrem a área ecológica sem formação específica em Ciências ou Ecologia. Assim, um dos grandes desafios de jornalistas que cobrem meio ambiente é traduzir os jargões científicos em linguagem clara e compreensível.

Quando o jornalista está inseguro, costuma usar uma tática curiosa. "Raramente um repórter escreve, intencionalmente, uma matéria que os leitores não podem entender. Mas muitos incluem termos que têm exatamente esse efeito", escreve Peter Nelson. Na verdade, há inúmeros termos que confundem até mesmo os especialistas. Assim, muitas vezes o jornalista usa o jargão nas matérias sem explicá-lo porque nem ele próprio compreendeu perfeitamente o significado. "Com receio de cometer erros, ou em deferência à importância da fonte, os jornalistas apenas repetem o jargão ao pé da letra." É claro que sempre haverá o risco de, ao traduzirem os termos, os jornalistas simplificarem excessivamente ou mesmo distorcerem o significado. Peter Nelson recomenda um procedimento muito simples. Basta o repórter pedir à fonte que forneça, com suas palavras, uma explicação mais simples. Jornalistas devem ter o bom senso de poupar o leitor de lugares-comuns. A profusão de trivialidades e o raciocínio tautológico – aquele vício de linguagem que consiste em dizer sempre a mesma coisa, por formas diferentes – provavelmente são a grande deficiência em coberturas de questões ambientais. Com freqüência repórteres e editorialistas gastam laudas intermináveis para jorrar as mesmas cachoeiras verborrágicas de sempre, sob o nobre pretexto de denunciar a poluição, o desperdício, a contaminação das águas e outras desgraças apocalípticas, terminando por concluir com o mais raso dos clichês.

Convém nunca deixar de desconfiar de discursos generalistas que, em vez de apresentar o problema em suas complexidades, se atêm à militância panfletária. É sempre necessário problematizar as questões para tornar o debate inteligente e pertinente. A reportagem sempre presta melhor serviço quando faz circular na sociedade a discussão sobre a urgência das dificuldades, as possíveis soluções, os prognósticos, as alternativas, o debate sobre o que é relevante e o que é dispensável, o que é urgente e o que é secundário, as políticas públicas e, principalmente, as questões concretas de cada região.

Esse último ponto é fundamental. O discurso generalista e ideológico tende a abstrair o problema a tal ponto que a mensagem passa a ser elaborada apenas no plano intelectual, imaterial, fazendo do debate sobre a água uma discussão de filosofia platônica. Textos agressivos que atacam genericamente as "fábricas que poluem a água", a "chuva ácida que contamina lençóis freáticos" e o "esgoto que polui os rios" carecem da concretude necessária para estabelecer um vínculo carnal entre o cotidiano das pessoas e a urgência da problemática da água. A reprodução em série do mesmo discurso banaliza o assunto e anestesia a sensibilidade, pois cria a sensação de que "as coisas são assim mesmo e não têm jeito". Se há tanto tempo dizem as mesmas coisas e os problemas continuam os mesmos, a lógica nos diz que continuando a dizê-las tudo permanecerá exatamente como está.

Leonel Azevedo de Aguiar, doutor em Comunicação e Cultura pela UFRJ, escreveu sobre o que chama de enigma que ronda a cultura de massa:

(...) se, por um lado, a ampla transmissão de informação pela mídia sobre os problemas ambientais globais resultou em uma consciência dos riscos planetários e das catástrofes ecológicas, por outro lado produziu uma sensibilidade que acarretou o esvaziamento das possibilidades de atuação política direta.

Com isso, o autor quer dizer que o atual modelo de cobertura jornalística implicou um "não-envolvimento" com as pessoas atingidas por catástrofes ambientais, levando ao que o estudioso Luc Boltanski chamou de "solidariedade à distância". Esse fenômeno também concorre para que o jornalismo ecológico perca sua relevância.

Certamente, há maneiras de aproximar o leitor, ouvinte ou telespectador de urgências ambientais amplas. No entanto, estratégias de abordagem mais concretas parecem obter melhores resultados na sensibilidade das pessoas. O jornalista Francisco Marcos Reis conta que, na década de 1980, houve um problema sério de contaminação do lençol freático na cidade de Araxá (MG), por causa da mineração de fosfato. Ele se lembra de que havia fortes suspeitas de que os depósitos de água estivessem contaminados de bário, metal pesado. Por causa disso, chegaram a parar de engarrafar água mineral por um tempo.

Mas o assunto não sensibilizava a população. Parecia algo tão distante e abstrato que definitivamente não dizia respeito aos habitantes de Araxá. Todos concordamos que bário em subsolo não costuma despertar mesmo o interesse de muita gente. Até que os jornais passaram a noticiar que a contaminação da água comprometeria a Cascatinha do Barreiro, uma cachoeirinha bastante popular na cidade. As pessoas acordaram, enfim! "O quê? A cascatinha vai acabar?" Houve então certa mobilização; as pessoas ficaram indignadas. Vieram técnicos que fizeram estudos e estabeleceram programas de recuperação de várzeas. Assim foi salva a cascatinha. Nesse caso evidentemente não houve sensacionalismo, e sim um exemplo de como é possível enxergar as conseqüências de um problema ambiental de acordo com o ponto de vista da afetividade da comunidade local.

Isso nos leva a uma última (apenas porque estamos chegando ao fim) e importante reflexão. Parece ser fundamental na imprensa um debate aberto acerca da questão da relevância de assuntos de interesse regional e nacional. É comum encontrarmos cidades com jornais locais mas sem jornalismo local. Assim, poderíamos questionar os critérios de escolha que fazem os moradores de Uberaba (MG) conhecerem mais a respeito das obras de despoluição do rio Tietê do que as condições de abastecimento da cidade em que vivem, afetada em junho de 2003 pela concreta experiência da total falta de água. A cobertura sobre água invariavelmente merece um debate jornalístico. Ou não?

Referências bibliográficas

AGUIAR, Laura; SCHARF, Regina. *Como cuidar da nossa água*. São Paulo: BEI, 2003.

BRANCO, Samuel Murgel. *Água: origem, uso e preservação*. São Paulo: Moderna, 1993.

REBOUÇAS, Aldo; BRAGA, Benedito; e TUNDISI, Jose Galizia. *Águas doces no Brasil*. São Paulo: Escrituras, 2002.

Sites de referência

Agência Nacional de Água
http://www.ana.gov.br

ONG Universidade de Água
http://www.uniagua.org.br

Unesco – Ano Internacional da Água Doce
http://www.wateryear2003.org

Oxigênio para a energia

Entenda a idéia de um "jornalismo para o desenvolvimento"

CARLOS TAUTZ[*]

Está aberta uma janela histórica para que grupos da base da sociedade criem os próprios aparatos de comunicação e dispensem os conglomerados que há décadas hegemonizam a capacidade de informar no Brasil. Uma convergência especial de razões oferece essa oportunidade histórica: o momento político favorável à proposição de novos modelos de desenvolvimento nacional, particularmente em vários países da América Latina; a crise generalizada de financiamento e de gestão das empresas de comunicação brasileiras, que colocou algumas delas à beira da falência; e, por fim, a disponibilidade de consumo de massa de dispositivos tecnológicos de comunicação.

---

[*] Jornalista formado em 1992 pela Universidade Federal Fluminense. Especializou-se em Jornalismo Ambiental na Fundação Reuters (Oxford, Inglaterra) em 1995 e em Jornalismo Científico pela Organização Ibero-Americana de Estados (Bogotá, Colômbia) em 1998. Cobriu a Rio-92 pela revista *Ecologia e Desenvolvimento* (que editou em 2002) e a Rio+10 em Joanesburgo (África do Sul) pelo *Jornal do Brasil* em 2002. Em março de 2003 cobriu como *freelancer* o Fórum Mundial da Água (Quioto, Japão) para a *EcoAgência de Notícias, Folha de S.Paulo* e *Pasquim*, onde é colunista de meio ambiente.

Por possibilitar a criação de redes populares de comunicação com discursos alternativos àqueles que até hoje predominaram, a janela histórica se abre também à elaboração de um tipo de jornalismo que vá além da mera constatação do aprofundamento da agressão ambiental ao planeta e incorpore novos paradigmas civilizatórios na cobertura das crises ecológicas sem precedentes no campo dos recursos hídricos e das alterações climáticas globais – originadas, principalmente, da queima de combustíveis fósseis para geração de energia. Um tipo de jornalismo que surja desse momento de crise da água e do ar (os dois elementos essenciais à vida) e deixe de tratar a informação como simples espetáculo.

Um jornalismo que discuta os rumos do desenvolvimento de um povo-nação (como o antropólogo Darcy Ribeiro se referia ao Brasil e aos brasileiros) significa, em verdade, uma tentativa de recuperar valores éticos, humanos e sociais do jornalismo estritamente comercial dos conglomerados da informação. Algo que difira radicalmente do tipo hegemônico de jornalismo que se pratica neste país, em que a agenda de interesses privados se sobrepõe às demandas sociais.

Um passo importante nesse sentido é aceitar que o jornalismo é uma atividade política em essência. É um modo de produzir conhecimento que afeta e é afetado por grandes vagas sociais, como o atual questionamento generalizado ao neoliberalismo antidesenvolvimentista. Daí ser possível imaginar agora, início de século XXI, momento em que essa ideologia patina, a recriação de um tipo de jornalismo que perceba a informação como bem público e não da maneira como fazem os conglomerados. Os conglomerados possuem sua própria agenda de interesses e historicamente não têm sido sensíveis às várias demandas de grupos que se localizam na base da sociedade.

Jornalismo para o desenvolvimento

O jornalismo para o desenvolvimento deve expressar a variada produção de organizações sociais que em sua práxis buscam elaborar um verdadeiro projeto de país e terminam por gerar muito conhecimento não-acadêmico (aquele que de uma ou de outra forma predomina nos meios impressos e eletrônicos). Boa parte dessas organizações desenvolve alternativas locais para superar as crises em larga escala por que passam os elementos água e ar, principalmente. Essas organizações produzem tanto conhecimento que têm plena capacidade de ajudar a elaborar políticas públicas alternativas de alcance nacional. Em verdade, sua produção, apenas eventualmente coberta pelos conglomerados de informação, já é suficiente para subsidiar esse novo projeto de país, em um movimento que, embora desconectado, vem ressoando nos meios políticos e acadêmicos.

Tome-se o exemplo do Instituto de Pesquisas da Amazônia (Ipam, de Belém do Pará). Em colaboração com movimentos sociais da área da BR-163 (que liga Mato Grosso do Sul ao Pará), o Ipam tem discutido macropolíticas de conservação da área de cobertura florestal ao mesmo tempo que, em cooperação com o Woods Hole Institute (de Massachussetts, Estados Unidos, importante ator científico nos debates do clima global), colabora para elucidar o papel da floresta amazônica na formação do clima do planeta. Essa também é a importância do Instituto de Pesquisas Ecológicas (o Ipê, em Nazaré Paulista, São Paulo). Além de se dedicar a espécies ameaçadas (como o mico-leão-preto, onças, anta, cateto e queixada), o Ipê busca parcerias com movimentos de luta pela reforma agrária para elaborar métodos de restauração e regeneração da floresta local, visando uma política de distribuição de terras em bases ambientalmente sustentáveis.

Experiências como essas, realizadas em pontos isolados do território brasileiro, também se verificam no campo da energia a partir da queima da madeira e/ou da utilização de óleos combustíveis, e eventualmente com a participação de micro-hidrelétricas que aproveitam pequenas quedas d'água. Os usuários dessas microfontes questionam o modo de geração de energia que predomina no mundo inteiro e que ganhou enorme impulso a partir da Revolução Industrial. Eles mostram alternativas à queima das diversas formas de carbono – seja carvão (o tipo mais utilizado no mundo), madeira ou petróleo –, que há pelo menos três séculos contribui de forma decisiva para as mudanças climáticas globais. Em um ciclo de catástrofes, essas mudanças influenciam uma sucessão de outras crises, como a perda acelerada de diversidade biológica e o derretimento das calotas polares com o conseqüente aumento do nível do mar em regiões litorâneas.

Este artigo pretende especular sobre uma forma de fazer jornalismo que, vindo dos "de baixo", incorpore novos paradigmas teóricos, técnicos e éticos na discussão de um dos principais elementos da agenda do desenvolvimento internacional e, muito particularmente, projetos de desenvolvimento nacional na América Latina e no Brasil: o modo de produção de energia.

O plano político

No plano político, a janela histórica que hoje nos permite imaginar um jornalismo que discuta o desenvolvimento justo e sustentável ecologicamente vem sendo aberta há alguns anos. Nesse período verificou-se na América Latina a criação de um ambiente propício à retomada de projetos de desenvolvimento nacional interrompidos por décadas de aplicação do projeto político neoliberal na economia, na política e até nos costumes da América Latina.

Esse ambiente propositivo se tornou mais nítido a partir da erupção, no México, da rebeldia zapatista de fundo étnico, em 1º de janeiro de 1994, contra a entrada em vigor do Acordo de Livre Comércio da América do Norte, o Nafta, que procurou nivelar assimetrias econômicas históricas entre Canadá, Estados Unidos e México. Na época, tornaram-se famosas as escapadas do subcomandante guerrilheiro Marcos, que em um ombro levava sua metralhadora e, no outro, um *laptot* com acesso à Internet, por meio do qual burlava o sufocamento do exército oficial com a divulgação mundial por correio eletrônico de mensagens poéticas que revelavam as razões de sua luta – e angariavam imenso apoio internacional.

Sucessivamente, esse ambiente ao mesmo tempo propositivo de novas idéias e profundamente crítico ao modelo então em vigor foi sendo reforçado pelos sustos nacionais causados pelos furacões financeiros que varreram o próprio México em 1995, a Ásia (1997), a Rússia (1998), o Brasil (1999) e a Argentina (2000-2001). Se trouxeram medo de desagregação social por onde passaram, os furacões também evidenciaram (de maneira dramática) a urgência da elaboração de alternativas de desenvolvimento que colocassem esses países a salvo de novas intempéries financeiras. É válido notar que o caminho percorrido pelos furacões passa justamente pelas economias que mais assimilaram – de forma acrítica – os princípios do neoliberalismo.

Os furacões talvez tenham sido a última gota do combustível necessário para a roda da história girar na busca de projetos nacionais. E, de fato, eles se manifestaram em recentes resultados eleitorais na Argentina, no Brasil, no Equador, na Venezuela e no Peru, mas também em revoltas populares na Bolívia (que se iniciaram em 1999 contra a privatização dos sistemas de distribuição de água). As urnas desses países deram a vitória nos últimos anos a projetos de poder que ao mesmo tempo buscam retomar para o interior de suas fronteiras a prerrogativa da tomada de macrodecisões soberanas e também tentam abandonar uma espécie de "não-desenvolvimento" nacional que vigorou nessas sociedades em décadas anteriores.

O traço de união entre esses novos projetos é o questionamento de modelos que preconizavam para os países da periferia capitalista a privatização e a desregulamentação de todos os ramos da economia. No plano internacional, eles se associam politicamente à onda antineoliberal da qual também se originaram os protestos contra os fóruns comerciais e financeiros em Seattle, Praga, Washington, Gênova e que, por fim, deu à luz à usina de alternativas do Fórum Social Mundial de Porto Alegre.

Nesses países, durante as últimas décadas, vicejou uma máquina de convencimento ideológico que em boa medida sustentou, no plano da disputa da opinião pública, a opção neoliberal. Essa se armou do jornalismo econômico-financeiro e seus variantes (jornalismo-escândalo-político e jornalismo-escândalo-financeiro), que estimularam as empresas nacionais de comunicação a abdicar de cumprir o papel de uma imprensa digna desse nome: o de tornar público o debate de idéias. No Brasil, os picos desse tempo de abandono de projeto autônomo de país foram os dois anos da cleptopresidência de Fernando Collor de Mello (1990-1992), quando se desmontaram as estruturas estatais capazes de induzir o crescimento e, posteriormente, sua versão mais refinada, mas nem por isso menos desmobilizante, do duplo mandato de Fernando Henrique Cardoso (1994-1998 e 1998-2002). Nesses doze anos, cabe notar a suspensão do projeto neoliberal de não-desenvolvimento verificada no semimandato de Itamar Franco (1992-1994), habilmente desqualificado pelos maiores conglomerados de informação no Brasil como portador de um nacionalismo visto como retrógrado.

No período em que o Brasil abandonou a vontade de se desenvolver, jogaram-se na lata do lixo o jornalismo que a imprensa latino-americana, sobretudo a brasileira, já praticara em décadas anteriores. Jornalistas que conferiam à imprensa o papel de ser um dos principais veículos de expressão dos movimentos pela independência política. O jornalismo voltado para o debate das grandes questões em torno de um projeto de nação que desenvolvesse as forças produtivas para atender à massa excluída.

Pela primeira vez, tem-se a oportunidade de debater o projeto nacional das elites desses países, o Brasil em especial, que concentrou renda, poder, terra e conhecimento. No século XX, o Brasil foi o país que mais cresceu em todo o mundo, segundo o Instituto Brasileiro de Geografia e Estatística (IBGE). Sua economia multiplicou-se por cem, mas nem por isso, como notou o economista Celso Furtado, pai das idéias de desenvolvimentismo, a nação produziu igualdade social.

Oxigênio para a energia

O objetivo da noite de trevas do neoliberalismo das décadas de 1980 e 1990 era apagar qualquer resquício de debate sobre o destino que pretendíamos empregar a nossa vida como nação, levando em conta características étnicas, culturais, geográficas, políticas e econômicas que nos distinguem e identificam. Para atingir esse objetivo desmobilizante, os próceres neoliberais que ocuparam o poder central no Brasil durante uma dúzia de anos contaram com o apoio marcante, muitas vezes protagonista, dos meios de informação de massa.

Nesse período, a imprensa foi aos poucos abdicando de sua principal razão de existir. Deixou, por exemplo, de debater se era possível desenvolver uma estrutura de geração de energia que incorporasse os valores ambientais e sociais. As grandes hidrelétricas brasileiras e seus sistemas associados de transmissão e distribuição de energia, reconhecidos no mundo inteiro como de alta complexidade e competência técnicas, foram construídos principalmente entre as décadas de 1950 a 1990.

É fato que aí pouco se levavam em conta os impactos socioambientais das obras. Mas, depois, quando outros megaprojetos continuavam a brotar das pranchetas das empresas internacionais de consultoria, a imprensa pouco investiu em perguntas elementares: tanta energia para quê? E para quem? Questionamentos que estão na base de argumentação de um tipo de jornalismo que pretenda discutir o desenvolvimento econômico e social.

Nas décadas neoliberais, a imprensa restringiu-se a registrar eventuais agressões sociais e ambientais pelo projeto energético brasileiro exclusivamente por ocasião do embargo de alguma obra por força de Ação Civil Pública que visasse a garantir o cumprimento da legislação ambiental, principalmente a de Estudo e Relatório de Impacto. A imprensa neoliberalizada distraiu-se pela cobertura dos negócios financeiros que o novo modelo institucional do setor elétrico impunha durante a era FHC e praticamente não apontou que o sistema de competição financeira que se procurava implantar dificultava o controle social sobre a energia gerada. A razão predominante era a financeira, obscurecendo

155

a socioambiental, mas o jornalismo preferiu fechar os olhos para esse fato, pelas razões que veremos adiante.

A omissão do problema

O jornalismo hegemonizado pelas corporações cobriu pouquíssimo a verdadeira mudança de paradigmas científico e político em nível internacional, no campo da energia, e seus reflexos sobre o Brasil. Nesse tempo, dezenas de países tocavam as negociações da chamada Convenção do Clima, originada dos acordos firmados no Rio de Janeiro em 1992, que resultou no Protocolo de Quioto em 1999. O jornalismo brasileiro apenas eventualmente observou de forma adequada que nosso país, um dos mais proeminentes nas discussões técnicas e políticas em torno da Convenção, poderia emergir desse processo como um dos principais beneficiados pelo sistema de punição às nações que mais emitem gases causadores do efeito estufa e de premiação a quem ao longo da história pouco emitiu esses gases, caso do Brasil.

Nesse aspecto, na perspectiva da emissão de gases, a matriz energética brasileira, mais de 90% dela baseada na geração de hidroeletricidade (pouco emissora), é muito menos impactante do que a matriz instalada nos campeões de poluição atmosférica como os Estados Unidos (com cerca de 25% das emissões totais) e a Rússia (em torno de 17,4% em 1990). O Brasil, segundo o Painel Internacional de Mudanças Climáticas (submetido à ONU), responde por cerca de 5% das emissões totais e estaria, portanto, apto a ser premiado por essa característica histórica.

A imprensa também se interessou apenas secundariamente pela capacidade brasileira (sem nível de comparação em todo o planeta) de diversificar sua matriz energética utilizando fontes renováveis em que a indústria e a pesquisa científica aplicada, em nível internacional, estão investindo rios de dinheiro. É o caso do aproveitamento de biomassa em terras agricultáveis, da captação de raios solares (o Brasil é um dos cinco maiores receptores desses raios) e do aproveitamento do potencial eólico (os ventos no litoral nordestino são de muito melhor qualidade do que os europeus, onde já respondem por quase 5% da matriz energética). Ao contrário, pouco se discutem na imprensa brasileira dois tipos de risco. Primeiro o de não serem aproveitados na totalidade os benefícios financeiros que o contexto do Protocolo de Quioto proporciona aos que emitem poucos gases causadores do efeito estufa, como o Brasil. Está entregue a poucos quadros altamente especializados do Ministério de Ciência e Tecnologia a elaboração de regras para o Mecanismo de Desenvolvimento Limpo (MDL), instrumento financeiro do Protocolo que induz à redução de emissões em países enriquecidos e grandes poluidores desde que estes financiem, em países empobrecidos, projetos que "seqüestrem" carbono da atmosfera. Apenas os "especialistas" debatem. Por quê?

A abrangência do impacto dessas políticas pode levar à criação de "lixões" de gases em países como o Brasil, com o conseqüente controle indireto do solo, do subsolo e do espaço atmosférico pelas nações proponentes dos projetos. As possibilidades estão abertas e existirão enquanto não se discutir publicamente esse tipo de efeito colateral do MDL. Essa bola pertence ao governo brasileiro, que só a colocará em jogo se estimulado pela pressão das organizações da sociedade que se expressem por meio de uma imprensa para o desenvolvimento.

Apesar desse contexto de possibilidades energéticas de baixo impacto socioambiental, volta e meia surgem no Brasil propostas de programas mirabolantes de instalação em série de termelétricas movidas a gás natural. Entretanto, é imprescindível observar que, apresentadas como "ecológicas" por emitirem menos gases causadores do efeito estufa do que as usinas movidas a carvão, por exemplo, as termelétricas a gás natural precisam de um combustível de que o Brasil não dispõe em quantidades necessárias para lhes alimentar por trinta, quarenta anos, período em que os investidores esperam amortizar o capital aplicado nas usinas e ganhar um bom dinheiro com o negócio, com taxas de retorno na casa dos 20% anuais.

Formação & informação ambiental

Alternativa injustificável

A alternativa termelétrica não se justifica para o Brasil dos pontos de vista ambiental, econômico-financeiro, energético e de segurança pelos seguintes motivos:

1. No campo ambiental, as termelétricas emitem muito menos gases como carbono, nitrogênio e outros elementos químicos. Mas emitem, de fato, e isso nos tiraria uma vantagem internacional comparativa enorme. O Brasil é um dos grandes países que proporcionalmente emite poucos gases por habitante. Essa característica nos facilita acesso às linhas financeiras internacionais que serão criadas no âmbito do Protocolo de Quioto. Termelétricas também exigem quantidades enormes de água, utilizada para refrigerar o sistema das usinas. Uma parte dessa água evapora, outra retorna ao meio ambiente alguns graus acima de quando é captada. Quase cinqüenta termelétricas foram planejadas para ser instaladas perto de grandes centros urbanos onde entrariam na disputa pela água para consumo humano, agricultura etc.

2. No campo econômico-financeiro, a dificuldade maior reside no uso do dólar como moeda para compra dos equipamentos (que não são fabricados no Brasil) e pagamento do combustível. Gastos externos em dólares apenas beneficiam os atravessadores de financiamentos internacionais. O contrato de *take or pay* do gás natural, geralmente utilizado na comercialização prolongada de grandes quantidades do combustível, incorpora variantes como a inflação dos Estados Unidos e o preço internacional do barril de petróleo. Dispara na primeira crise internacional no Oriente Médio ou na Bolsa de Nova York e termina por aumentar a tarifa para os consumidores da Baixada Fluminense, de Pindamonhangaba e do sertão do Piauí.

3. No campo energético, a opção de gás para gerar energia chega a ser uma aberração. Devido à sua extensão continental, o Brasil

é o único país que pode fazer intercâmbio de energia entre suas regiões e bacias hidrográficas, que funcionam alternada e complementarmente mediante um complexo sistema de linhas de transmissão. São elas que transportam energia de um lado para outro do país e podem jogar as termelétricas de uso público no ostracismo. Gerar energia por usinas hidrelétricas é muito mais barato, o que leva o Operador Nacional do Sistema Elétrico brasileiro a sempre optar pela alternativa de geração de custo mais baixo. O sistema hidrelétrico brasileiro é tão eficiente que não haverá necessidade de ligar as térmicas. Ou, se forem acionadas, as usinas hidráulicas vão jogar água fora, para justificar o funcionamento das térmicas.

O segundo risco

O segundo risco advém da falta de discussão do projeto energético nacional, que vai muito além da geração de eletricidade. É o perigo de aprofundamento da dependência tecnológica e econômica com respeito à produção de aparatos tecnológicos que permitam ao Brasil usufruir de suas condições geográficas e climáticas. O país serve agora apenas de mercado, ainda que pequeno, que mantém em atividade industrial mínima a capacidade produtora das empresas sediadas em países frios do Atlântico Norte.

Eles continuam pesquisando o barateamento de equipamentos para as fontes solar e eólica, já próximas da viabilidade econômica para mercados de massa, mas que ainda não conseguiram juntar uma nova institucionalidade legal energética à rentabilidade que a grande indústria de energia exige. Por enquanto. É por essa razão que países frios do Atlântico Norte, detentores dos recursos financeiros vultosos necessários à pesquisa demorada em energia, incentivam programas de venda de pacotes tecnológicos ao Brasil, com doações, aqui e ali, de sistemas energéticos para o atendimento a comunidades isoladas. Nossa imprensa observa esse fato, que apenas denota servilismo tecnológico e energético, no marco de simples relações assistencialistas que expressariam uma espécie de bom-mocismo internacional.

No Brasil, na área de energia, a desregulamentação verificada nos anos noventa resultou em novos marcos legais para o setor energético brasileiro – que abriram espaço para a chegada de grandes empresas internacionais e seus gigantescos (para padrões brasileiros) orçamentos de *marketing*. Isso beneficiou o caixa das empresas de comunicação que aderiram à euforia pré e pós-privatização em massa de estatais, pois ali estaria um suposto maná de financiamento para alguns caixas já combalidos. A venda de empresas públicas descolou-se de uma estratégia maior para a economia e limitou-se a ser um fim em si mesma. Mas isso pouco importou para as empresas de comunicação, porque suas contas bancárias engordavam com anúncios circunstanciais de um mercado de energia que então ensaiava tornar-se competitivo – o que significava também competir e investir milhões em publicidade.

Foi por conta desse engordamento de verbas de publicidade que as cúpulas das empresas jornalísticas limitaram os jornalistas a relatar o vaivém das negociações dos grandes grupos empresariais e não quiseram enxergar que aquele novo modelo energético não fora feito para saldar uma dívida histórica com cerca de vinte milhões de brasileiros que permaneciam no século XIX, por não terem acesso aos serviços de energia elétrica. A maioria dos sem-luz brasileiros localiza-se em regiões distantes dos grandes centros urbanos, onde, ao longo das décadas, o modelo energético adotado pelo Brasil concentrou a energia gerada por algumas das maiores usinas hidrelétricas do mundo. Nem o rico estado de São Paulo, responsável por cerca de 40% do Produto Interno Bruto (PIB) nacional, escapou da vergonha de manter mais de quinhentos mil cidadãos sem energia em 1998, ano em que tentou privatizar em massa seu exuberante parque gerador de energia hidrelétrica.

Esses cidadãos brasileiros que permanecem nos séculos das trevas são exatamente aqueles a quem se deve garantir prioridade na busca de alternativas para geração de energia em nível local, por questões de ética e de justiça social. Os pesquisadores avaliam a possibilidade de gerar energia com o aproveitamento da biomassa, como o biodiesel, projeto ao qual agora se dedica a Empresa Brasileira de Pesquisa Agropecuária (Embrapa). Eventualmente, dizem, precisa-se estudar a viabilidade técnica ou do aproveitamento dos raios solares isoladamente ou em combinação com a biomassa e a energia que pode ser gerada pelos ventos que movimentariam grandes hélices em regiões à beira-mar.

Gigantismo cego

Que belas pautas poderiam ter sido desenvolvidas nos campos da economia (a produção enfim chegando aos grotões juntamente com a energia), da ciência e tecnologia (o desenvolvimento de materiais e processos adequados à pequena escala isolada) ou do ambiente no sentido estrito (a substituição do caro e poluente óleo diesel, hoje utilizado em larga escala no interior para acionamento de motores, por lascas de madeira ou casca de arroz, diminuindo enormemente o impacto ambiental)!

Mas o jornalismo brasileiro mirou-se exclusivamente no exemplo da macroeconomia e da macropolítica, que seguiam modelos importados. Não enxergou essas matérias jornalísticas em potencial, viciou-se em relatar cifras expressivas e, no âmbito geográfico, limitou-se à cobertura de duas ou três regiões metropolitanas nacionais. Esqueceu-se de que o Brasil tem 27 estados, cerca de 8,5 milhões de km² (54% deles de região amazônica), quase oito mil km de litoral e mais de 172 milhões de habitantes neste início de século XXI. Parece que os jornalistas não ouviram Milton Nascimento cantar que "o Brasil é muito mais que qualquer litoral".

A categoria profissional dos jornalistas aquietou-se à sombra ideológica do neoliberalismo e de sua bolha publicitária (que entre outros filhos gerou o fenômeno das empresas *pontocom* entre 2000 e 2001), e quase perdeu a oportunidade de relatar a experiência dos sem-luz, de acompanhar o antes e o depois da chegada dos serviços de energia a comunidades isoladas, a reação das pessoas a essa "novidade" e de como sem a energia as populações são obrigadas a pressionar o ambiente (ainda hoje, na região Nordeste, a queima da lenha é uma fonte importante de geração de energia). Perdeu também a oportunidade de documentar um modo de vida, seu falar, suas tradições e até as visões que eles têm sobre um país que prefere atribuir-lhes uma espécie de exílio jornalístico e energético, esquecendo-se de seu protagonismo como brasileiros na construção do todo.

Dessa forma, a imprensa brasileira recusou aos sem-luz voz para dizerem que grandes projetos hidrelétricos produzem energia para alguns milhões de brasileiros que vivem na ponta de suas linhas de transmissão – muito particularmente em Brasília, São Paulo e Rio de Janeiro –, mas que dezenas de outros milhões, que às vezes moram embaixo dessas linhas e cuja vista durante o dia alcança as grandes obras do setor elétrico, foram condenados à noite eterna da falta de acesso aos serviços de energia.

Serra da Mesa

Em 1998, esse era o caso, por exemplo, da megausina Serra da Mesa, em Goiás, e de vários trabalhadores que ajudaram a construí-la. O lago para formação da barragem inundou uma área de cerrado, o bioma mais ameaçado de extinção no Brasil, de tamanho equivalente ao município de São Paulo. Entretanto, muitos caboclos que se transformaram em peões durante a construção da planta iluminavam suas casas com a luz de lampiões. O fato só ganhou as páginas dos jornais e das revistas porque o movimento indigenista conseguiu denunciar que naquela área também sobreviviam os seis últimos indivíduos (quatro adultos e duas crianças, hoje os adolescentes Trumak e Putdjawa) da etnia Avá-canoeiro.

No início da década de 1970, os grileiros da região de Minaçu (GO) cometeram etnocídio contra eles e assassinaram centenas de Avá-canoeiros – então conhecidos por serem guerreiros que se deslocavam rapidamente em suas canoas pelos rios. Mais tarde, os quatro adultos sobreviventes (Iawi, Tuia, Nakwatxa e Matxa) foram introduzidos no mundo dos brancos pelos construtores da megausina de Serra da Mesa, que, segundo moradores da região, prostituíram as mulheres e forneceram álcool, armas e munição ao jovem Iawi em troca de animais silvestres.

Os dois jovens nasceram após o grupo isolar-se do contato com os "civilizados". Poucas vezes se ouviu falar dessa tragédia, porque o "interesse jornalístico", alheio ao drama humano e étnico dos Avá-canoeiros, olhava para a obra e se embasbacava com a geração de milhões de KWh que precisavam abastecer um sistema que nunca viu no Brasil uma política pública e nacional de economia de energia, por exemplo.

O caso dos Avá-canoeiros veio à tona durante o apogeu da teoria neoliberal e dos olhos fechados dos jornalistas para essas microtragédias nacionais. Foi um tempo em que, em meados dos anos noventa, à parte as sempre louváveis exceções, a cobertura jornalística que realmente influenciou os rumos do país interessou-se apenas por aquilo que pudesse ser expresso em números e cifras, de preferência em dólares.

Foi o tempo em que os núcleos de comando das empresas de informação, e também os jornalistas na redação, acreditavam que seria possível e desejável alcançar o padrão insustentável de vida dos países enriquecidos do Hemisfério Norte, onde o desperdício de energia é enorme e visível.

Como decorrência, a orientação editorial predominante nos maiores meios de informação no Brasil, principalmente os televisivos, privilegiou modelos de análise da realidade que, aplicados ao noticiário, desprezaram e deslegitimaram a recolocação na agenda do debate público do atendimento às necessidades humanas básicas de acordo com as características próprias do Brasil.

Obsessão única

Tamanho do território e da população, geografia, clima, posição do país no mundo diante de seus aliados e dos não-aliados deixaram de compor o horizonte de interesses das redações de jornais, telejornais, rádios e *websites*. Ao contrário, estas passaram a ser questões confundidas com o ideário da ditadura civil-militar de 1964 e, por uma lógica torta, deixaram de ser consideradas objetos de pesquisa. Convencionou-se dizer que os jornalistas teriam na testa a marca dos ultrapassados. Nesse período, sequer a nação era tratada como país em desenvolvimento, com suas ambições e contradições próprias das cinco ou seis nações no mundo com população superior a cem milhões de pessoas. Os conglomerados de informação tiveram um papel decisivo na divulgação da idéia de sermos simplesmente um "mercado emergente" submisso aos efeitos das transações financeiras globais.

Esses conglomerados renegaram a cobertura de propostas dissonantes de discussão de qualquer idéia, ainda que de longe lembrasse um projeto de nação, e, deliberadamente, privilegiaram a cobertura da superação da condição de pobreza e miséria a iniciativas tópicas, descontextualizadas e assistencialistas, como a mera distribuição de alimentos para matar a fome de apenas um dia.

Desconectaram a luta pelo direito a um ambiente saudável das lutas gerais pelo desenvolvimento. Eventualmente, até focalizaram o perigo de extinção de alguma espécie (quase sempre de algum primata, parente distante da raça humana) por ocasião da construção de mais uma mega-hidrelétrica. Mas não questionaram o subsídio público para indústrias consumidoras intensivas de energia, que exportam mais de 70% de sua produção final e deixam no Brasil os impactos sociais e ambientais associados, em particular no campo da siderurgia e da produção de alumínio.

Sequer eram consideradas pautas jornalísticas as "externalidades" da produção de alumínio com pouco valor agregado. A imprensa evitou perceber que, mais sensível às pressões de seus cidadãos, um dos ex-campeões mundiais desse tipo de produção, o Japão, havia mudado de lado. Lá descobriu-se que a extração, o transporte e o beneficiamento da bauxita e demais minerais e das restantes etapas da produção de alumínio deixavam atrás de si um rastro de impactos ecológicos e sociais difíceis até de quantificar, que dirá de qualificar.

Os japoneses passaram a importadores desse produto, cujo componente de custo principal no Brasil é a eletricidade gerada, por exemplo, pela usina de Tucuruí, no Pará – uma amostra típica da libido obreirística surgida das relações carnais entre o Estado e o clube fechado de superempreiteiras de engenharia pesada. Na qualidade de exportadores mundiais de alumínio também passamos a ser exportadores líquidos de energia, mesmo durante 2001, quando o perigo de um apagão nacional generalizado se abateu sobre o Brasil.

Mas como questionar esse modelo de produção que acolhia os custos socioambientais da produção dos produtos chamados eletrointensivos, por consumirem em sua produção quantidades enormes de energia, e destinava aos portos do exterior os produtos prontos para ter valor agregado e, posteriormente, ser importados pelo país? Como fazer perguntas difíceis do tipo: quem vem sendo beneficiado pelo tipo de desenvolvimento que este país adotou? Por que não um desenvolvimento que inclua dezenas de milhões de excluídos no eixo estruturador de um projeto de Brasil e leve em conta as especificidades do país na geografia, na população, no clima, nas megadiversidades biológicas, culturais e sociais? Em resumo, são essas as perguntas que somente um "jornalismo voltado para o desenvolvimento sustentável" poderia responder.

No que toca ao modelo de produção de energia, essas perguntas sequer serão formuladas. Sabe por quê? Por causa do esquema que transformou algumas empresas privatizadas em âncoras da publicidade no Brasil. Elas despejaram dezenas de milhões de dólares nos cofres dos conglomerados de informação sob a forma de anúncios e outros tipos de promoção publicitária, e exatamente por essa razão as editorias de Economia, que produzem manchetes e norteiam a política editorial dos conglomerados de informação, relegaram ao ostracismo midiático todos os que discordaram do discurso hegemônico consensual nos centros financeiros do planeta. Esse discurso foi uma vez chamado apropriadamente pelo jornalista Ignácio Ramonet, diretor do mensário francês *Le Monde Diplomatique*, de "pensamento único".

Casos para lembrar

Ainda que os anos tenham se passado e a roda da história se movimentado, expondo novas possibilidades para os horizontes editoriais das empresas de comunicação brasileiras, antigas questões que dizem respeito ao modo de desenvolvimento nacional voltam a nos atormentar por serem sufocadas. É o caso da opção preferencial que o Brasil fez pelas megabarragens para geração de enormes blocos de energia. Esgotadas as oportunidades de construí-las perto dos grandes centros de consumo, quase todos localizados no eixo Sul–Sudeste–Centro-Oeste do Brasil, ainda resta ao país um potencial de geração hidrelétrica três vezes superior à capacidade já instalada. O problema é que esse potencial a ser explorado localiza-se quase todo na macrorregião mais sensível politicamente, tanto no âmbito nacional quanto internacional: a Amazônia.

Recordo que em 1989 o índio caiapó Paulinho Paiakán* juntou um grupo de apoiadores internacionais em Altamira (PA). Ele lutava contra a construção no rio Xingu da mega-hidrelétrica Kararaô, que a estatal Eletronorte planejava erguer nos mesmos moldes ambientalmente desastrados como construiu Tucuruí. Obra gigante, quase do tamanho de Itaipu, Kararaô sozinha produziria mais de 20% da energia consumida no Brasil, ao custo da inundação de milhares de km^2 e, inclusive, da aldeia Paquiçamba. O respeitado físico Luiz Pinguelli Rosa foi contra a obra.

Paiakán conseguiu o apoio da atriz Lucélia Santos, do roqueiro Sting e, assim, da imprensa européia, que em peso compareceu à audiência pública realizada no interior do Pará. "Kararaô vai afogar nossos filhos", gritou Paiakán. Seu grito foi a senha combinada para a manifesta-

---

* Anos depois, Paiakán ficou desmoralizado ao ser condenado por crime de estupro ocorrido em 1992 (N. E).

ção de outros índios. Mas, surpreendendo até os homens da tribo, foi a índia Tuíra quem pulou na frente de todos, esfregou um facão no nariz do então presidente da Eletronorte, José Muniz Lopes, e o ameaçou de morte, caso a usina fosse erguida.

As agências de notícias trataram de distribuir internacionalmente a foto de Tuíra e de um assustado Muniz, hoje um dos diretores da *holding* Eletrobrás (dona da Eletronorte). A imagem cabia com perfeição no contexto da época, de luta internacional pela sobrevivência de povos indígenas dos países em desenvolvimento, e a foto se transformou em um dos principais instrumentos de pressão para que o projeto fosse engavetado. Ele hibernou nas gavetas da burocracia brasiliense até 1999, quando a Eletronorte refez o projeto, diminuiu a área a ser alagada e iniciou um *lobby* político enorme pela construção de Kararaô, rebatizada Belo Monte. Pois o tal *lobby* afinou o discurso de que "a economia brasileira precisa crescer e necessita de energia", como que rememorando os argumentos da época da ditadura. Ninguém foi ouvir Tuíra, que continua a viver no Pará, provavelmente sem saber que reavivaram o projeto contra o qual ela brigou há catorze anos.

A Eletrobrás/Eletronorte continua a apostar nos grandes projetos geradores de energia para sustentar o crescimento econômico do Brasil. Oficialmente, a empresa garante que vai prestar mais atenção ao problema socioambiental causado pelo erguimento de grandes barragens. Mas, na prática, ainda carece de discutir e promover uma política nacional de economia energética, o que ajudaria a suprir as necessidades do Brasil desperdiçador de energia.

Afetados *versus* "beneficiados"

Na Kararaô/Belo Monte atual, por exemplo, há questionamentos sobre a viabilidade econômica e ambiental da obra. Como já argumentou em Ação Civil Pública o Ministério Público Estadual (MPE) paranaense, "o formoso rio Xingu nasce na região leste do estado de Mato Grosso, mais precisamente a oeste da imponente Serra do Roncador e ao norte da Serra Azul, onde se encontram os rios Kaluene e Sete de Setembro, seus formadores. Após percorrer aproximadamente 2.100 km, fertilizando várias terras indígenas e de brancos, deságua no rio Amazonas, através de uma foz de 5 km de largura ao sul da Ilha de Gurupá, no estado do Pará". Toda a região, garantem os procuradores, será afetada pela construção da usina. A bacia do Xingu estende-se por 450 mil km^2 e seus igarapés serão afetados pelo barramento do rio. Depois me contem.

Quanto à reserva Juruna Paquiçamba, o MPE argumentou que, "com a interrupção do curso do rio, essas comunidades terão inúmeros complicadores, tais como a inviabilidade de locomoção, sobretudo nos períodos de seca do rio; a diminuição e provável extinção dos peixes (principal fonte alimentar), além da proliferação de diversas doenças que, se não forem controladas, podem levar a um processo de dizimação do grupo". A Eletronorte contestou o Ministério Público. Garantiu que, pelo novo projeto, as águas da barragem ficarão entre nove e dez km de distância de Paquiçamba.

Os procuradores desconfiaram até da viabilidade técnica da usina. "Para que as vinte máquinas alcancem sua rotação máxima de fábrica, precisam de 14 mil m^3 de água (14 milhões de litros) por segundo (700 m^3 para cada máquina). As vazões do Xingu variam entre um máximo de pouco mais de 30 mil m^3/segundo (menos da metade do recorde de vazão do Tocantins) e um mínimo de 443 m^3/s. Mas o rio costuma ter estiagens rigorosas durante dois a três meses. Em outros três meses, o funcionamento será de duas a quatro máquinas. Ao longo de seis meses o Xingu verte menos do que os 14 mil m^3 necessários para manter a capacidade nominal da usina", argumentam na Ação Civil Pública que questiona os estudos de viabilidade da obra.

O custo e a capacidade da usina lembram o Brasil Grande da ditadura civil-militar, quando megaprojetos que iriam "redimir" e "dominar" a floresta amazônica para retirá-la do "atraso" se sucediam com a mesma facilidade com que os generais-presidentes queimavam os dólares do orçamento. Pelo custo projetado de Kararaô, serão necessários

6,2 bilhões de dólares para construir a usina de onze mil megawatts (no Brasil, em capacidade, perderia apenas para os 12,4 mil megawatts de Itaipu, considerada a maior hidrelétrica do mundo) e milhares de quilômetros de cabos que precisarão ser instalados para transportar a eletricidade do Pará até o Sudeste industrializado e voraz de energia.

Talvez para acalmar os ambientalistas, começa-se a avaliar a possibilidade de reduzir a capacidade da usina para algo entre sete mil e oito mil megawatts, mas ainda não se discute o projeto de construção dos reservatórios a montante da hidrelétrica – estes, os verdadeiros perigos de alagamento de uma região sensível política e ambientalmente.

A resistência a Kararaô/Belo Monte hoje é muito menor do que há quinze anos. Paulinho Paiakán desmoralizou-se sob acusações de contrabando de madeira e uma condenação por estupro (veja pág. 166), Sting abandonou as causas ambientais, Lucélia Santos está mais interessada em viabilizar com dinheiro público suas produções cinematográficas, o respeitado físico Pinguelli é agora favorável ao projeto e não se tem notícia de Tuíra – deve ainda viver no interior do Pará. O jornalismo tem em Kararaô/Belo Monte a oportunidade de cumprir com sua função histórica e questionar até a necessidade da obra. E agora, como se vê, sob a perspectiva dos principais afetados por ela e do Brasil como povo-nação.

Notícias fabricadas

Os conglomerados de informação enredaram-se na falácia que propagaram. Confiaram na suposta internalização de poupança externa e terminaram por acumular passivos enormes, em dólares, impagáveis a ponto de comprometer o modelo de gestão e de financiamento que sempre adotaram. Esse modelo é baseado no tripé da venda de espaço publicitário, da venda de assinaturas e da venda direta ao consumidor de notícias, e alimentado pela economia nacional, expressa em reais, que perdeu competitividade em relação ao dólar e ao euro. Algumas dessas empresas, arautas da financeirização da cobertura jornalística, hoje acumulam déficits irreversíveis, que possivelmente inviabilizaram sua existência (digo possivelmente porque empresas de comunicação, como qualquer estrutura de poder, sempre terão a possibilidade de escapar da falência mediante artifícios que extrapolam a lógica econômica, como bem alertou em um de seus artigos o escritor Carlos Heitor Cony). As empresas nacionais não perceberam que a cobertura das altas finanças, nas quais os conglomerados de informação também tinham interesses próprios, pouco importava às dezenas de milhões de brasileiros que sempre estiveram à parte da definição de rumos no Brasil. Como que numa revanche não planejada, esses excluídos que sempre consumiram notícias fabricadas pelos conglomerados passaram a comprar cada vez menos jornais, revistas e aparelhos de TV a cabo, e fizeram despencar a venda direta aos consumidores.

Deram, assim, rasteiras nas outras duas pernas do financiamento aos conglomerados. É essa a razão que leva a dificuldades grupos que outrora foram modelos de saúde financeira, como a *Gazeta Mercantil* (a primeira a alertar para a importância do jornalismo "ecológico"), o *Jornal do Brasil* (que em 1992 lançou o premiado caderno semanal "JB ecologia") e as Organizações Globo e sua Rede Globo, uma das maiores redes privadas de comunicações do planeta – só para ficar em exemplos mais extremos, recentes e emblemáticos.

Essa falta de visão perspectiva dos gerentes das empresas de comunicação ameaça um modelo de financiamento que se provou insustentável para a indústria cultural cada vez mais capital-intensiva (de dólares). Da falência desse modelo de gestão econômica advém a insustentabilidade de seu modelo de notícia, centrado na sucessão veloz das imagens e informações espetaculares e não no debate da origem e da superação dos problemas que atingem comunidades locais. Essas, agora, no novo momento político por que passa o Brasil, estão prenhes de idéias e de desejos de expressá-las.

Esse modelo de notícia está baseado na exploração do superficial, da aparência e da sensação rápida, em um carrossel de sentimentos que é ótimo para estimular a vontade consumista, mas pouco subsidia a formação de opinião acerca de determinado assunto. Para ser colocado em prática, esse velho modelo exige a concentração da propriedade da empresa de informação, porque só um conglomerado consegue sustentar a alimentação infinita de sensações causadas pela notícia-espetáculo, o que significa muita infra-estrutura e capital de giro. Mas, na medida em que os conglomerados não conseguem acompanhar os passivos que acumularam, entraram numa disputa acirrada pelos parcos recursos publicitários, que desde meados de 2001 vêm se tornando ainda mais magros. Essa crise de proporções nunca antes vistas coloca em xeque também esse modo de produção da informação. Ao se direcionarem indistintamente para as massas, as empresas de informação precisaram investir cada vez mais na capacidade de atender a audiência, o que exigiu o rebaixamento dos padrões de informação. O "mercado global" interno era o objetivo, porque só a quantidade em níveis crescentes atrairia os reais e os dólares da publicidade para as massas.

Nesse ambiente, as comunidades locais teriam perdido importância como produtoras das próprias notícias para as grandes estruturas. Essa, entretanto, é uma premissa falsa. Em última análise, seriam as comunidades locais produtoras, e também consumidoras, de notícias que poderiam garantir a sobrevivência econômica dos conglomerados da informação. Só aí, na combinação de oportunidades da política e da crise das grandes empresas, já estaria configurada uma oportunidade histórica para a proposição por parte de organizações da sociedade de um novo modelo de jornalismo. Mas não é só. A janela histórica está muito mais aberta. Está, em verdade, escancarada.

Disponibilidade de recursos

O avanço tecnológico e a massificação da venda dos instrumentos de comunicação também contribuem para a abertura da janela. Computadores, câmeras, gravadores e diversos outros tipos de aparato que compõem a infra-estrutura de transmissão de dados e de impressão e conferem qualidade e agilidade à elaboração de informações estão razoavelmente ao alcance da classe média nacional e totalmente acessíveis a organizações de base da sociedade, como ONGs, sindicatos, partidos políticos e outros tipos de entidade.

A distância entre a qualidade dos aparatos empregados pelos grandes grupos de comunicação, que têm acesso às mais recentes inovações tecnológicas, e os instrumentos de acesso, digamos, "doméstico", para os cidadãos e suas organizações diminuiu consideravelmente nos últimos anos e possibilitou à boa parte da sociedade construir a própria rede de informação. Essa aproximação se dá após algumas décadas em que o acesso aos aparatos tecnológicos era privilégio das grandes corporações, sobretudo aquelas sediadas em países enriquecidos. Essa espécie de reserva de mercado terminou há alguns anos.

Já em 1997, a ONG inglesa OneWorld mostrava a seus parceiros essas possibilidades de comunicação. Provedora de acesso à Internet criada por ex-repórteres da BBC, a OneWorld capacita os movimentos populares ingleses e internacionais na tarefa de comunicar. À época, preconizava a utilização de câmeras digitais de vídeo, que custavam então a bagatela de seis mil dólares. Com elas, a OneWorld colocou na internet ao vivo a cobertura de passeatas e manifestações realizadas no centro de Londres e ampliou exponencialmente a audiência dos protestos. Hoje, câmeras digitais de qualidade superior àquelas podem ser encontradas em muitas lojas do centro do Rio de Janeiro, por exemplo, a partir de quatrocentos dólares.

Desse mesmo movimento de democratização do acesso à tecnologia da informação nasceu no Brasil, em 1989, o Alternex, o primeiro provedor privado de acesso à internet no país, administrado pela ONG Instituto Brasileiro de Análises Sócio-Econômicas (Ibase), criado por, entre outros, o falecido sociólogo Herbert de Souza, o Betinho, formulador igualmente da Ação da Cidadania. Mais tarde, a infra-estrutura física do Alternex foi vendida a uma empresa particular e parte de seus fundadores criou a Rede de Informações do Terceiro Setor, a Rits, que a exemplo do Alternex propõe-se a ser um provedor de acesso e assessor de entidades de base na formulação de suas políticas de comunicação pela Internet.

É interessante notar que essas mesmas organizações que agora figuram entre aquelas que dispõem de recursos econômicos e *expertise* profissional para tocar adiante projetos comunicacionais são também as que muito contribuíram com idéias e quadros técnicos para a elaboração de novos projetos de nação. Boa parte deles ou está na máquina estatal ou tem enorme proximidade com ela, devido à emergência da presidência de Luiz Inácio Lula da Silva, que se inaugurou em 1º de janeiro de 2003.

Parte dessas ONGs abriga-se na Associação Brasileira de ONGs, a Abong, que propôs à produção científica de movimentos sociais e organizações de base passar a fazer parte das fontes oficiais de dados do governo brasileiro. Essa iniciativa combina perfeitamente com idéia de um jornalismo para o desenvolvimento justo e ecologicamente sustentado. Ao se qualificarem como fontes de informações oficiais, essas organizações, que há mais de trinta anos vêm trabalhando com comunidades locais, mostram-se interlocutores qualificados para um debate nacional.

Meios não faltam

A única restrição que se poderia imaginar para a disseminação de informações pelos movimentos da base da sociedade seria algum tipo de restrição aos meios físicos – emissoras de ondas, no caso de rádios e de TVs. Mas a janela histórica anda tanto às escâncaras que até mesmo essa dificuldade pode ser superada. A chamada Lei da TV a Cabo (nº 8.977/95), regulamentada pelo Decreto nº 2.206/97, criou canais básicos de utilização gratuita em cada município atingido pelos serviços de TV a cabo. Ou seja, a lei obriga os donos dos meios físicos (os cabos) a disponibilizar pelo menos dois canais para uso da sociedade, por intermédio de suas organizações regulamentadas. Em geral, esses canais são o universitário, administrado pelas instituições públicas e privadas de ensino e de pesquisa superior, e o chamado "comunitário", aberto a associações de qualquer tipo – ambiental, social, cultural, política, religiosa etc.

Neste último tipo de canal reside uma possibilidade imensa de expressão de informações que os canais convencionais (tanto os comerciais quanto os estatais) não conseguem e/ou não têm interesse de veicular. Todos os estados brasileiros são servidos ou por TVs por assinatura a cabo ou via satélite, incluindo-se aí as cidades grandes e de porte médio. A maior parte dessas cidades tem seus canais comunitários. A maioria desses canais disponibilizados para a sociedade, entretanto, ainda não tem o uso adequado. Carece de gestão profissional na administração e no desenvolvimento de uma política editorial que estimule a sociedade a se expressar. Mas são uma realidade.

Ainda que o público em potencial limite-se aos assinantes dos serviços da TV paga (eles eram 3,46 milhões em julho de 2003, de acordo com a Associação Brasileira de Televisão por Assinatura), esse é justamente o universo de tomadores de decisão no Brasil. Falar para eles significa chegar ao poder de forma direta e não intermediada pela leitura e pelos interesses dos conglomerados de informação. O público em geral, aquele que só acessa as TVs de sinal aberto, pode ser atingido de outra forma.

O Brasil tem uma rede de TVs estatais que alcança todo o território nacional. Essa rede é administrada pelo governo federal, formado em janeiro de 2003 por uma frente política com parcelas expressivas do movimento popular. Há, portanto, nesse espectro de forças aquelas dedicadas a manter aberta a janela da história e oferecer uma oportunidade para a sociedade expressar-se. Por exemplo: a organização não-governamental WWF retomou em setembro de 2003 um convênio com a Rádio Nacional da Amazônia, cujos sinais atingem os 5,2 milhões de km^2 da região, que permite a difusão do programa *Natureza Viva*, produzido pela ONG para discutir conceitos de desenvolvimento sustentável. Ou seja, também aí o momento político por que passa o Brasil se expressa na forma de oportunidade para veiculação de um jornalismo para o desenvolvimento. Cabe também lembrar que há mais de cinco mil rádios de baixa potência no país, boa parte delas vinculada ao movimento das rádios comunitárias, legitimadas por serem frutos políticos e culturais das comunidades em que estão insertas.

A importância dessas rádios em conjunto é tamanha que o governo federal conectou em outubro de 2003 o Fome Zero, o eixo articulador de toda a sua política social, com a concessão de licenças para o funcionamento de oitocentas novas rádios de baixa potência. Essa concessão em massa ao mesmo tempo livra as emissoras da perseguição dos órgãos regulamentadores das telecomunicações brasileiras e lhes reconhece legitimidade para expressar as demandas das sociedades locais. Dá-lhes tranquilidade para que, mais cedo ou mais tarde, naturalmente gerem um tipo de jornalismo que retrate a busca local do desenvolvimento.

É natural também esperar que elas operem com algum nível de integração editorial entre si. Assim lhes permite a tecnologia da informação e da comunicação, e a preços acessíveis. Uma entrevista pode ser gravada em arquivo digital, transmitida por provedores de acesso à internet (tanto os de baixa quanto os de alta velocidade, estes que servem quase 160 mil usuários no país) e reproduzida a dezenas de milhares de quilômetros de distância.

Essa rede de troca de experiências e de informações em potencial é um fator vital na constituição de um discurso comunicacional que expresse o desejo latente de outro país. Organizações metropolitanas bem como rurais têm acesso aos mesmos dispositivos proporcionados pela modernidade tecnológica. Ter a capacidade e a ousadia de utilizá-los depende de cada um.

A prática de um jornalismo que se proponha a discutir – sempre em mão dupla com o destinatário da informação – um novo modelo de produção de energia, especialmente em um país com as características do Brasil, vai, em verdade, contribuir para a compreensão de um projeto que é muito mais amplo, que vai além da produção de energia.

Referências bibliográficas

BENJAMIN, César (org.). *A opção brasileira*. Rio de Janeiro: Contraponto, 1998.

FÓRUM de Organizações Não-Governamentais Brasileiras. *Meio ambiente e desenvolvimento: uma visão das ONGs e movimentos sociais brasileiros*. Rio de Janeiro: Fase, 1992.

GUIMARÃES, Samuel Pinheiro. *Quinhentos anos de periferia*. Porto Alegre: Editora da Universidade, 1999.

LEIS, Héctor (org.). *Ecologia e política mundial*. Rio de Janeiro: Vozes/ Fase, 1991.

LIMA SOBRINHO, Barbosa (org.). *Em defesa do interesse nacional – desinformação e alienação do patrimônio público*. São Paulo: Paz e Terra, 1994.

RIBEIRO, Darcy. *O povo brasileiro*. Rio de Janeiro: Companhia das Letras, 1995.

SANTOS, Milton. *Por uma outra globalização: do pensamento único à consciência ambiental*. Rio de Janeiro: Record, 2000.

Sites de referência

Painel Internacional de Mudanças Climáticas
www.ipcc.org

Ministério da Ciência e Tecnologia
www.mct.gov.br

Instituto de Pesquisas Ecológicas
www.ipe.org.br

Instituto de Pesquisas da Amazônia
www.ipam.org.br

Fórum Nacional de Democratização de Comunicação
www.fndc.org.br

Análises de conjuntura pela Uerj
www.outrobrasil.net

Dilemas da agricultura

A produção de alimentos colide com o ambiente porque sofre de avareza

ODO PRIMAVESI*

Fora da Amazônia, a agricultura brasileira ocupa quase 70% do território nacional e é freqüentemente objeto de acaloradas discussões. Ela sustenta o agronegócio. Por um lado, consegue trazer divisas para o país, em geral exportando matéria-prima sem valor agregado; por outro, pressiona as áreas cobertas com vegetação natural para ampliar a fronteira agrícola. Ao mesmo tempo, deixa para trás vastas áreas degradadas e corpos de água (açudes, represas, lagos, ribeirões, rios) assoreados ou secos.

Originalmente, essas áreas degradadas apresentavam potencial de produção igual ou maior que o das novas áreas almejadas. Verifica-se ainda uma luta sangrenta por áreas pouco ou não exploradas, que são alvo de movimentos de sem-terra, muitas vezes sem tradição agrícola, procurando encontrar um modo de ganhar dinheiro, enquanto um exército de pequenos agricultores perde suas terras por falta de uma

---

* Engenheiro agrônomo, pesquisador científico da Empresa Brasileira de Pesquisa Agropecuária (Embrapa) e educador ambiental.

política de incentivos financeiros e educacionais, como treinamento em administração e contabilidade, estudos sobre oferta e demanda, associativismo e cooperativismo e práticas de agregação de valor.

Isso para não falar nas quedas-de-braço retumbantes entre governo, associações pró-defesa da soberania nacional e de defesa do consumidor contra *lobbies* de grupos jurídico-econômicos e financeiros sobre assuntos polêmicos e de grande impacto estratégico para a nação, todos ligados à soberania e à independência do país com relação a alimentos básicos, os *commodities* (produtos com grande potencial de exportação) e a água.

A população em geral e a imprensa em particular, apoiando muitas vezes às cegas os que gritam e "trucam" mais alto, aceitam submeter sua saúde física e econômica a grupos muito interessados no domínio das únicas armas econômicas estratégicas que o país ainda possui para seu desenvolvimento. Viram vendilhões inconscientes de seu futuro e de seus descendentes.

Neste início de século XXI, a agricultura brasileira mostra uma excelente produção de frutas no Nordeste irrigado, e a maior produção de grãos de sua história, ao mesmo tempo que aumentam assustadoramente os famintos e os mortos de fome. Onde estão os alimentos? Onde está a água? O que está acontecendo? Que problemas estão interferindo? Tentarei apresentar de forma sucinta, sistêmica e global os pontos de estrangulamento que deveriam receber maior atenção por parte da população, consumidora ou não, da imprensa e das forças políticas, se de fato quisermos preparar um futuro promissor a nossos descendentes, garantir o sistema econômico produtivo, estruturar o país como um celeiro sustentável e incentivar o ecoturismo.

Se esses sonhos forem miseravelmente queimados e lançados para o espaço nos próximos trinta anos (sim, estamos falando de *apenas* trinta anos!), restará um inferno mais terrível que o imaginado por Dante. A transgressão das leis da natureza, por desconhecimento, não poderá ser aceita como desculpa, pois alcançará as pessoas do campo e, com muito mais intensidade, as pessoas que se refugiam em cidades e pensam estar salvas com o auxílio da tecnologia. (De que adiantam condicionadores de ar, em dias quentes, sem energia elétrica, por causa da falta de água nas represas?)

A história nos fala do desaparecimento de civilizações humanas, aglomeradas ou confinadas em cidades, geralmente por deficiência no fornecimento de água limpa e de alimentos, resultado da destruição de solos e florestas próximos, e por falta de saneamento básico, foco de parasitas e patógenos. Neste mesmo início de século XXI verificam-se o agravamento desses três pontos e uma maior produção de lixos sólidos, líquidos, gasosos e radiativos.

Também ocorrem o uso generalizado de venenos e substâncias que, pelo excesso, se tornam tóxicas; o aumento da miséria; a falta de consciência da vinculação íntima da vida nas cidades com a integridade do ambiente rural. Mais: a destruição globalizada de florestas, a emissão de lixos gasosos, constituídos em sua maior parte por gases de efeito estufa, bem como a urbanização de grandes áreas estão resultando no acelerado processo de mudanças climáticas locais, regionais e globais, que trazem sérios efeitos para o viver, tais como aumento de temperatura, maior incidência de tempestades seguidas de enchentes e conseqüente menor disponibilidade de água residente, ou seja, maiores períodos de seca, embora a demanda aumente. Significa mais perigo de "secão, apagão e fomão"! E, claro, doenças respiratórias e cardiovasculares! O que podemos fazer para evitar esse futuro sombrio, já que só teremos chance de sucesso com uma ação coletiva e solidária – todo mundo remando no mesmo sentido?

A agricultura no Brasil ainda é palco de uma das mais intensas guerras químicas do planeta (com agrotóxicos), com intoxicação e morte de pessoas, contra pretensos agentes biológicos (as chamadas pragas), na realidade indicadores de desequilíbrios e desmandos contra as leis da natureza tropical. E nossa agricultura constitui a fonte maior dos chamados gases de efeito estufa, verdadeiros lixos gasosos que ajudam a acelerar as mudanças climáticas regionais e globais, levando ao aumento da temperatura e à redução da disponibilidade de água. No

Brasil, a água é consumida em até 60% pela agricultura (irrigação). Mas cerca de dois terços desse total são desperdiçados por falhas na infraestrutura tecnológica (ao longo dos tubos condutores de água, no modo de irrigar) e por destruição da infra-estrutura ambiental, resultando em temperaturas mais elevadas e mais brisas e ventos que aceleram a perda de água dos campos agrícolas.

O tripé da vida continental

Depois da energia solar, a água é a substância mais importante para a produção de alimentos vegetais. Ao colonizar os continentes constituídos por rochas, que podem ser considerados ambientes naturais primários, a natureza desenvolveu sabiamente os solos permeáveis, porosos, e o lençol freático. Tudo para conservar água residente, água da chuva que fica no local. Para quê? Para atender os seres vivos nos períodos sem chuva.

Ela também protegeu os solos permeáveis (porosos) e a água residente com vegetação permanente, diversificada, e com seus resíduos vegetais, que formam uma camada protetora de materiais orgânicos como folhas, caules e galhos secos na superfície do solo. É a chamada serapilheira ou liteira, quando se fala em florestas, ou cobertura morta, na agricultura. Esse tripé água residente, solo permeável e vegetação permanente e diversificada é a ferramenta-chave para a verdadeira transformação de ambientes inóspitos – ambientes naturais primários – em ambientes naturais clímax, que apresentam grande oferta de água limpa, alimentos variados e um clima com temperatura e umidade relativa do ar mais estabilizados.

Comparemos um ambiente de pedras (chamado de ambiente natural primário) a um de mata (denominado ambiente natural clímax). Verifica-se, na mata, a presença do solo, coberto por uma camada de folhas secas, folhas apodrecendo, raízes, terra trespassada por raízes (que o mantêm descompactado e permeável); mais ao fundo somente terra; e bem ao fundo a rocha matriz. Acima do solo, uma grande diver-

Dilemas da agricultura

sidade de plantas, alimentos principais da cadeia e da teia alimentar, da qual o homem constitui o topo, digamos, mais evoluído.

O ar e o solo são frescos e úmidos. O ciclo da água é longo. Na Amazônia, até 50% das chuvas são precipitação de água evapotranspirada pelas plantas. As chuvas são mais bem distribuídas e menos intensas. Pergunto: pode haver isso sobre a rocha? Sobre o solo compactado que sofre erosão? Que ambiente realmente permite ao ser humano conseguir sobreviver e viver? Num ambiente do tipo Saara ou do tipo aproximado de mata amazônica?

O estabelecimento do lençol freático, em solos permeáveis, que alimenta os poços, permitiu o surgimento de nascentes e cursos de água permanentes com vazão estabilizada ao longo do ano, e de lagoas e lagos. Dessa forma, também a vida aquática pode desenvolver-se nos continentes. Esse fornecimento contínuo de água pode ser chamado de "produção de água" de uma área, de uma bacia de captação, de uma bacia hidrográfica. É diferente das enchentes, provocadas pelo escoamento superficial da água de chuvas, que não conseguiu ser armazenada pelo solo e pela vegetação.

As plantas, em especial as árvores, quando transpiram até 80% da água precipitada em região tropical para refrescar a atmosfera – em função da demanda atmosférica por mais água – agem como verdadeiros vaporizadores, umidificadores, hidrotermorreguladores ambientais. Mais umidade no ar, menos temperaturas elevadas. Assim, é possível o estabelecimento de espécies mais sensíveis a altas temperaturas e ao ar muito seco, em ambientes naturais clímax.

Isso pode facilmente ser sentido pelo leitor. Compare o frescor de uma sombra de telhado e o frescor da sombra de uma árvore; ou ao passar por uma calçada com o muro sem vegetação e por outra, com o muro coberto de vegetação; ou se você mandar arrancar as árvores de seu quintal ou jardim e mandar cimentá-lo, impermeabilizá-lo, simplesmente porque se irrita com as folhas acumuladas em calhas e com as aranhas nos gramados. Como conseqüência, você vai contribuir mais para as enchentes nas baixadas, gastar mais água para apagar o pó do cimentado e mais energia para acionar o condicionador de ar, que já substituiu o ventilador, para não morrer de calor! E se tiver apagão, racionamento de energia elétrica? A solução mais lógica seria recompor o verde, certo? A floresta de edifícios do centro de São Paulo, por exemplo, pode ser dez graus centígrados mais quente que a periferia vegetada. Uma rua arborizada pode ser quatro graus centígrados mais fresca. Em Belém (PA), o centro da cidade arborizado pode ser nove graus centígrados mais fresco que a periferia desmatada!

A retirada completa da cobertura vegetal natural, por ocasião da abertura de uma nova área agrícola ou pecuária, ou a retirada de madeira para fazer carvão e alimentar as siderúrgicas, expondo o solo à ação de chuvas tropicais intensas, leva à compactação, à impermeabilização. Viu? Não é só com cimentados, asfaltamento ou construções que se bloqueia o solo. E há outras conseqüências, como a erosão do solo e até sua decapitação – sua eliminação total com exposição de rochas, quando o terreno é mais inclinado.

Ou seja, eliminam-se assim as possibilidades de armazenamento de água residente, resultando em variação sazonal dos cursos de água e posterior secamento das nascentes. O número de nascentes pode aumentar temporariamente, resultado da ausência de árvores que evaporam, transpiram e ciclam a água das chuvas. A retirada das árvores leva à redução da umidade relativa do ar e ao aumento da temperatura e da amplitude térmica. O aumento de temperatura, por falta de água evapotranspirada e de cobertura do solo, reflete mais calor para a atmosfera e intensifica a formação de brisas e ventos – por sinal, brisas e ventos secos são grandes "ladrões de água", pois carregam a água evapotranspirada de um local, com a finalidade de aumentar a umidade relativa do ar e reduzir a temperatura desse local, para outro local.

O que pode decorrer de um cenário assim é o maior risco de incêndios, especialmente em condições tropicais, mais quentes. Iniciam-se ciclos de enchentes e seca, e assoreamentos e soterramento de nascentes, córregos, açudes, represas, lagos, rios. Deu para entender esse mecanismo cíclico? Enchente porque o solo, desprotegido, impermeabilizado, não permite o armazenamento de água residente para repor o lençol freático. E, se não chove, há falta de água nos poços e nas nascentes, porque o lençol freático não foi recarregado. Resultado: uma seca brava! Alguns acreditam que a irrigação resolve. Mas onde estaria a água residente armazenada para ser utilizada? Agora você entendeu o problema? Além disso, quando a água de chuvas fortes não consegue infiltrar no solo impermeabilizado, compactado, ela escoa superficialmente. Quando intenso, esse escoamento superficial, carregando partículas sólidas por causa da erosão do solo, forma grandes enxurradas da cor daquele determinado tipo de solo, que vão provocar as enchentes nas baixadas. A mata ciliar, aquela faixa de trinta a cinqüenta metros coberta de árvores e serapilheira que deveria ocorrer na beira dos cursos de água, e tem a função de filtrar essa água superficial que deságua nos cursos de água, muitas vezes não consegue realizar essa função ambiental em virtude da enorme quantidade de sedimentos arrastados, que passam por cima da serapilheira.

Nesse caso, além de o solo reduzir ou deixar de ser "produtor de água" (alimentar as nascentes, permitindo a alimentação do lençol freático, que só é mantido em solos permeáveis), ainda vai contribuir para o assoreamento ou soterramento dos corpos de água, com partículas sólidas ou sedimentos e material orgânico. Por exemplo: desaparecem nascentes, açudes não produzem mais água para a irrigação, barragens não conseguem fornecer água para girar as turbinas hidrelétricas, bancos de areia nos rios impedem a "subida" dos peixes na piracema, rios tornam-se secos. E onde está a água para abastecer as cidades? Já era!

Daí a importância de a população urbana se conscientizar e se interessar por um manejo adequado dos solos e da água no meio rural. A água das cidades, mesmo aquelas abastecidas por poços recarregáveis, depende de solos permeáveis e de uma agricultura saudável e ambientalmente correta. E se não o fizer? Vai ter de importar água da França ao custo de jóia, isso se tiver dólares ou euros (não adianta ter reais). Ou se morre de sede! É terrível. Por outro lado, o mecanismo do problema é simples de entender.

Do já exposto, podemos visualizar comparações objetivas. Para uma planta herbácea ou arbórea, ou mesmo "industrial", por exemplo, o ambiente no entorno – estabilizadas a umidade do ar e a temperatura do ambiente, cortadas as brisas e os ventos e eliminada a poeira –, funciona como condicionador climático, como nos galpões industriais. Tais galpões servem para quê? Para proteger a máquina computadorizada transformadora de alguma matéria-prima em produto de alto valor agregado (transformar fios de algodão em peça de vestuário, por exemplo).

A máquina e o operador altamente capacitado são as partes mais caras e importantes do processo, e o galpão permite a ambos que trabalhem com mais eficácia, tenham uma vida útil mais longa e menos intervenções de manutenção do que se estivessem operando ao relento. Por isso, o galpão (ou o tão falado "efeito galpão") exige constante manutenção. Da mesma forma, para que determinada espécie vegetal possa produzir com eficiência, ela necessita de água residente, solo permeável e vegetações permanentes (árvores vaporizadoras) diversificadas. Mais: ela precisa de mesoclima suavizado (microclima é aquele ocorrente no nível do solo; macroclima é o clima global). Tudo isso é fundamental para desenvolver atividades agrícolas mais sustentáveis e também para otimizar a resposta de insumos porventura utilizados. Insumos como a irrigação ou os fertilizantes ou mesmo os venenos não são substitutivos de falhas ou deficiências geradas na infra-estrutura ambiental, mas podem ser potencializados pela infra-estrutura ambiental adequada, do jeito que a natureza nos ensina. Então, se houver mesmo necessidade de irrigação, deve-se perguntar:

- O solo está permeável, ou pode ocorrer encharcamento?
- As raízes conseguem desenvolver-se em profundidade?
- O solo está suficientemente protegido com materiais orgânicos (restos de vegetais) contra o aquecimento e o impacto das gotas

Dilemas da agricultura

de água de chuvas e do sistema de irrigação para que não ocorra compactação ou formação de crostas na superfície do solo?
- Há brisas e ventos constantes que necessitam ser barrados por quebra-ventos?
- Existem superfícies refletoras de calor, como solos, paredes ou muros não vegetados ou encobertos por cerca-viva (cerca feita de arbustos ou árvores, podadas ou não)?
- O solo possui nutrientes em quantidade suficiente para que as plantas se desenvolvam bem?
- Há áreas verdes que atuam como umidificadores hidro-termorreguladores?
- Existe problema de salinidade e, por causa disso, mutilação das raízes?

Você sabia que as raízes são o "intestino" (absorvem nutrientes minerais, água etc.) e ao mesmo tempo o "nariz" (absorvem oxigênio) das plantas? Todos sabem que sem que se possa ingerir nutrientes e água e sem que se possa respirar não pode haver o desenvolvimento nem da espécie humana nem de plantas. Sabia que com temperatura de solo acima de 33 graus centígrados as raízes não conseguem absorver água nem nutrientes? O solo e a água devem estar frescos!

Sabia que as plantas também necessitam alimentar-se, e de nada adianta colocar adubo se houver azia no estômago (camada de terra em volta das raízes) delas? As plantas podem exigir um antiácido (corretivo de acidez) para aproveitar melhor o "arroz" (representado pelo potássio, K_2O), o "feijão" (representado pelo fósforo, P_2O_5), o "bife" (representado pelo nitrogênio, N), um "tempero" (representado pelos micronutrientes) e a "fibra" (representada pelo material orgânico), esta última dando funcionalidade ao trato digestivo, as raízes. Os adubos podem ser orgânicos e minerais. Ambas fontes podem estar na forma muito ou pouco solúvel.

A solução para esses problemas passa por sistemas de produção:

- que procurem conservar a água e o solo; manter o solo protegido e vegetado de forma permanente contra o impacto das chuvas e o aquecimento;
- que procurem retornar material orgânico à superfície do solo. Exemplos: 1) sistema de plantio direto (não se revolve o solo, semeia-se ou planta-se diretamente no solo coberto e protegido por resíduos vegetais); 2) integração lavoura-pecuária (o plantio direto é realizado sobre solo protegido por pastagem, beneficiando-se esta do adubo utilizado na lavoura); 3) agricultura orgânica com rotação de culturas (a agricultura orgânica substitui os insumos sintéticos por produtos orgânicos biológico e naturais – lembre-se de que plástico é um material orgânico sintético);
- que façam rotação de cultura. Significa alternar o cultivo de uma espécie vegetal em determinado local por outras espécies, numa seqüência mínima de duas espécies);
- que incorporem árvores estrategicamente localizadas e com função de quebra-ventos (renques de árvores perpendiculares à direção das brisas e dos ventos dominantes, procurando reduzir sua velocidade, como um tipo de "quebra-mola"), bosques umidificadores hidrotermorreguladores (conjunto de árvores com função de vaporizar água e reduzir temperatura), ou sombras (árvores isoladas ou em grupo com copa grande);
- agroflorestais (sistema que considera as árvores como benéficas às lavouras);
- silvopastoris (sistema que considera as árvores como benéficas às pastagens);
- permaculturais (em que a árvore constitui o principal componente da agricultura).

Com essas medidas o sucesso já estaria a meio caminho. Solucionaríamos o primeiro problema levantado no início do texto, dando um grande passo para evitar a "quebra" de nossa civilização no que se refere à garantia de produção de água, à manutenção de ciclos de água os mais longos possíveis e também à eliminação de uma das causas que contribuem para as mudanças climáticas: a falta de vegetação permanente umidificadora.

Espero que, até este ponto, tenha ficado claro que características do ambiente que necessitam ser controladas e manejadas para que a atividade agrícola possa ser produtiva de um modo sustentável.

Alto teor monetário

A segunda principal causa do desaparecimento de civilizações humanas é a falta de alimentos. Para uma produção mais sustentável de alimentos, é preciso manter o "efeito galpão" adequado (ou, como diziam os antigos, o "bafo-do-mato") e fazer aquele tripé funcionar: água residente + solo permeável + vegetação permanente diversificada.

Tal produção sustentável deve ser com mais intensidade nas regiões tropicais, já que a fertilidade dos solos em regiões de clima temperado é predominantemente química, ou seja, resolve-se com adubos minerais! Nas regiões tropicais, a fertilidade do solo é predominantemente biológica, exigindo maior biodiversidade, rotação de culturas com diferentes atividades de raízes e maiores volumes de produção de resíduos vegetais, e maior manejo de materiais orgânicos.

O uso de adubos minerais solúveis pode gerar enormes perdas por lixiviação (lavagem para dentro do solo até o lençol freático) ou por erosão, causada pelas enxurradas de chuvas tropicais (mais intensas em ambientes quentes, sem estruturas hidrotermorreguladoras). Em ambas situações as chuvas não conseguem infiltrar-se nos solos desprotegidos superficialmente e com pouca permeabilidade. Em geral, o uso de adubos menos solúveis ou associações organominerais traz maiores retornos.

Há uma pressão para ampliar as áreas agrícolas, com conseqüente redução das áreas naturais, que representam importantes estruturas ambientais – pois realizam funções vitais (ciclo da água e efeito hidrotermorregulador meso e macroclimático) para a agricultura em todo o território nacional. Contudo, analisando-se a situação objetivamente, constata-se que, apesar de o país ter atingido a maior marca de produção de alimentos de sua história, a incidência de fome vem aumentando.

Até agricultores passam fome por não conseguirem ganhar dinheiro para comprar comida para a família com o produto agrícola que geraram. Dá para entender isso?! Verifica-se que, de maneira geral, a agricultura não está preocupada em gerar alimentos. Estarrecido? Pois é verdade. Ela está preocupada em gerar produtos que tenham um bom preço no mercado, isso sim. Mais: que possam ser exportados.

Perguntem a qualquer produtor por que ele produz carne, tomate, batata, ou milho. Em geral, ele vai responder que é porque o preço do mercado está bom. Em raríssimas exceções dirá que é para alimentar sua família (há casos em que é proibido ingerir os produtos gerados, devido a seu elevado grau de periculosidade), ou alimentar "x" pessoas de sua comunidade. Os que conseguem exportar exportam matéria-prima bruta, geralmente sem valor agregado, com exceção do suco de laranja, do açúcar cristal e do álcool.

Matéria-prima bruta pode gerar divisas. Historicamente, porém, esse tipo de comércio nunca desenvolveu país algum. Lembre-se de suas aulas de História do Brasil ou dos Estados Unidos. Que tipo de agricultura desenvolveu regiões nesses dois países? Aquela orientada para grandes monoculturas destinadas à exportação e tocadas por mão-de-obra escrava (colonização de exploração, agricultura industrial) ou aquela diversificada, destinada a criar um ambiente propício para o bem-estar da família e da comunidade?

A agricultura que desenvolveu os principais países do mundo foi a que gerou diversas atividades agregando valor em serviços, comércio e educação (colonização de povoamento, agricultura familiar etc.). O quadro poderia ser bastante diferente se os insumos utilizados (de máquinas a fertilizantes e combustíveis) fossem nacionais. Em geral, o componente mais importante necessita ser importado, pagando grande diferença cambial.

Assim, analisando friamente a situação, estamos sendo todos (a mídia, a população e os governantes) iludidos a aplaudir a depredação da estrutura ambiental de produção para atender aos caprichos de manipuladores do mercado (na realidade, o mercado somos todos nós, que estamos lentamente sendo alijados, que dia a dia perdemos nosso poder de compra. A produção de alimentos dá para alimentar todos com sobra, mas falta o chamado poder aquisitivo.

As políticas agrícolas estão voltadas para gerar divisas, necessárias para atender às importações. Mas a quem atendem essas importações? Qual é o custo-benefício dessa troca? Se a população sair perdendo, pare-se! Mas não. A política é de deixar sobreviver o mais esperto, aquele que produz o que dá dinheiro, e não o que produz alimentos. Infelizmente, alimentos podem ser importados por uma pechincha. Mas essa pechincha torna-se caríssima com a diferença cambial mantida alta e com a destruição da estrutura mínima de produção nacional. Assim, vai-se deteriorando a estrutura estratégica de produção de alimentos da cesta básica e, sem alarde, aumentando nossa dependência de outros que os produzem.

Lembra-se do caso do trigo? Quando estávamos com estoques zerados porque pensávamos que seria mais barato importar dos países mais eficientes em produção, estes já não quiseram fornecer o grão, mas a farinha. Claro, farinha é produto com valor agregado. É justo. Vejo que os países europeus defendem com unhas e dentes a estrutura produtiva mínima da cesta básica com subsídios. Por que são nostálgicos, anticientíficos, místicos, atrasados?

Não. Porque isso é estratégico. Tanto quanto a posse nacional das fontes de água potável, inclusive os aqüíferos, que estão querendo escamotear sutilmente de nosso domínio, assim como já estão fazendo com nossas plantas medicinais, nossas marcas, nossos nomes. Vociferamos contra os europeus que subsidiam seus agricultores e aplaudimos os que estão destruindo nossa infra-estrutura ambiental e fundiária de produção de alimentos, lançando-nos para a dependência externa. Será que não enxergam!? Será que as migalhas que recebemos por essas transações insanas valem a escravidão de nossos filhos? Se realmente a agricultura estiver interessada em produzir alimentos (com metas calculáveis), ela já pode parar de se expandir em área, porque a área plantada já é maior do que a necessária.

Mas se estiver orientada só para ganhar dinheiro (com metas incalculáveis), aí sim, explica-se a tendência atual de forçar a atenuação da legislação ambiental vigente. Insaciável, essa disparatada meta de ganhar dinheiro exige que derrubemos todas as áreas nativas agricultáveis e incorporemos todas as áreas de pastagem. E ainda assim vai faltar espaço!

Precisamos começar a pensar de outra forma a questão dos alimentos e da água. As culturas agrícolas têm de ser mais eficientes no uso de água, que está escasseando. Visualizando a cadeia alimentar (plantas–herbívoros–carnívoros–onívoros ou homem, e decompositores, encarregados da reciclagem na natureza), em que a oferta de alimento-energia disponível se reduz na passagem para o elo consecutivo da cadeia, deveríamos evitar gastar grãos – alimentos nobres para a dieta dos humanos – para a alimentação de herbívoros.

Sabe por quê? Porque o fator de redução de alimentos está em torno de 1,8/1 com peixes, 2/1 com frangos, 3/1 com suínos e até 7/1 com bovinos, ou seja, seriam precisos sete quilos de grãos para que um bovino aumentasse um quilo de peso vivo, o que corresponde a 55% de carcaça, ou 485 g de carne, descontando os 12% de ossos. Os animais deveriam ser alimentados com alimentos que o ser humano não consome (capim, insetos, minhocas e outros).

Um sinal positivo é a luta pelo Boi Verde. Um passo à frente foi dado pelos pequenos produtores indianos, que não procuram aumentar o ganho financeiro por área, mas aumentar a capacidade de suporte do solo e, assim, elevar o número de pessoas alimentadas por cada hectare cultivado num ano, considerando uma necessidade alimentar diária de mil calorias, sem uso de insumos externos, pois não têm dinheiro para comprá-los. Já tentou imaginar e calcular que tipo de agricultura consegue alimentar o maior número de pessoas por hectare/ano? Os monocultivos ou os policultivos? A agricultura familiar ou a industrial?

Soluções, soluções. Garantir uma sólida infra-estrutura de produção de alimentos da cesta básica com vínculo estreito com o poder público e a comunidade local, evitando que cidades agrícolas produzam somente 5% dos alimentos demandados por sua população e, com sua política de monocultivo, disponham de comércio e serviços pouco diversificados e insustentáveis. Além disso, vale tentar exportar produtos com valor agregado de forma inteligente, como suco de laranja e óleo de soja, em vez de laranja *in natura* e grãos de soja, além de procurar restabelecer de forma ferrenha a infra-estrutura ambiental mínima necessária, tanto para a agricultura familiar como a industrial. Para quê? Para garantir a capacidade produtiva e de suporte dos solos.

Por causa da escassez de água, a China, por exemplo, vai proibir o uso desse bem pela agricultura em muitas regiões, fortalecendo a indústria que produz artigos de alto valor agregado e exportáveis. Com os recursos gerados a China pretende importar alimentos. Mas será estrategicamente correto e sustentável não tentar recuperar a infra-estrutura ambiental degradada? Os países do chamado primeiro mundo fazem fortuna vendendo produtos com valor agregado. Compram algodão e vendem tecidos; compram minério de ferro de nosso país (ao preço mais baixo que se receberia pelo carvão utilizado para acionar as siderúrgicas, retirado gratuitamente graças à destruição de ecossistemas naturais com potencial ecoturístico, alimentar, fonte de elevada biodiversidade e enorme função ambiental regional e mundial) e vendem ferrovias; compram silício e vendem *chips*.

Não se domina uma tecnologia quando não se sabe produzir as ferramentas necessárias para manejá-las e mantê-las! Isso exige investir em pesquisa também. Onde estão nossos técnicos e cientistas de fazer inveja? Onde estão nossos empreendedores que desejam gerenciar indústrias sustentáveis? Onde está o povo participativo, capacitado e desejoso de construir um futuro decente para seus filhos?

Lixo estratosférico

Levantamentos realizados para verificar a real contribuição do Brasil para os gases de efeito estufa detectaram a agricultura como a maior fonte desse lixo gasoso produzido pelo homem, além dos já conhecidos lixos sólidos (embalagens de agroquímicos) e líquidos (chorumes, vinhotos e outros).

As queimadas (de pastagens para pecuária extensiva, de restos de culturas no solo ou ao pé, de matas para abertura de fronteiras agrícolas etc.) aparecem em peso. Existem, porém, muitas tecnologias substitutivas ao fogo. Na Europa, as queimadas agrícolas estão proibidas. Lembre-se de que os gases produzidos nas queimadas vão contribuir para o aquecimento regional e global e, com isso, interferir no regime de chuvas e no ciclo da água.

Em ambiente mais quente, as chuvas fortes e as tempestades são mais freqüentes. Em solos desprotegidos pela vegetação, os estragos gerados pelas chuvas torrenciais são piores, resultando em baixa reposição de água residente, de água do lençol freático, que deveria alimentar poços e nascentes. Os gases muitas vezes podem gerar ozônio da troposfera, grande irritador das vias respiratórias, agravando o efeito das partículas sólidas em suspensão e dos outros gases inalados pela população.

A prática de arar (tombar) o solo tropical, seguindo o modelo de tecnologia gerada para solos de clima temperado, acelera a oxidação da matéria orgânica armazenada no solo. Na presença de ar, essa matéria orgânica gera gás carbônico, o gás de efeito estufa mais abundante, o mesmo gás utilizado pelas plantas para, na fotossíntese, gerar a glicose, a fonte energética das plantas e de toda teia alimentar.

Já em condições de falta de ar (entenda-se oxigênio), quando o solo estiver encharcado em virtude de chuvas ou da prática da irrigação, pode haver geração de gás metano ou gás dos pântanos ou dos lixões, 25 vezes mais potente que o gás carbônico. O mesmo vale quando se incorpora material orgânico ao solo. A natureza ensina a deixar o material orgânico na superfície. Pense no solo de mata e entenderá melhor o que estou dizendo.

O Brasil possui o maior rebanho comercial de bovinos do mundo. Ruminantes, os bois digerem celulose em condições de anaerobiose (praticamente ausência de oxigênio) e constituem fonte potente de gás metano. Essa emissão será tanto maior quanto mais tempo o animal ficar no pasto, quanto menor sua produtividade, quanto pior a qualidade (mais fibrosa) da forragem ingerida.

Outra grande fonte são os campos de arroz irrigado por inundação, onde também se dá a decomposição anaeróbia de celulose armazenada no solo com geração de gás metano. O mesmo processo ocorre nas lagoas de decantação de resíduos de confinamentos ou de resíduos agroindustriais com materiais orgânicos, e também ao encher grandes barragens sem retirada prévia da vegetação.

Ao se utilizarem fontes de adubo que contenham nitrogênio, nutriente essencial para a produção vegetal, além do carbono, hidrogênio, oxigênio, enxofre e fósforo, seja ela na forma de adubo orgânico, adubo verde ou adubo mineral, e ao sofrer falta de oxigênio no processo de transformação no solo, em lugar de nitrato, pode gerar óxido nitroso, gás de efeito estufa 250 vezes mais potente que o gás carbônico. Além, é claro, da elevada queima de combustíveis fósseis em sistemas intensivos, que normalmente utilizam procedimentos inadequados de preparo do solo.

Você já ouviu falar na eutroficação de água por causa do lançamento de esgotos domésticos e de atividades agrícolas? É o processo de aumento dos nutrientes nitrato e fosfato na água, que estimulam o desenvolvimento de micro e macrovegetais. Num primeiro instante, eles podem constituir fonte mais abundante de alimento para peixes, por exemplo. Em excesso, porém, começam a esgotar o oxigênio na água e a reduzir o espaço físico, prejudicando a vida aquática e dificultando o tratamento de água para abastecimento urbano. O manejo racional de adubos fornecedores de nitrogênio, longe de nascentes, em solos tropicais profundos, pode evitar a contaminação do lençol freático por nitrato, caso grave nos solos rasos de clima temperado.

Soluções, soluções. Em primeiro lugar, substituir e proibir as queimadas que trazem prejuízos diretos e indiretos incalculáveis para o ciclo da água, queda no potencial de produção e capacidade de suporte de solos tropicais, saúde animal e humana. Os solos tropicais exigem ser mantidos constantemente protegidos, com elevado retorno de resíduos orgânicos em sua superfície, de forma a mantê-los permeáveis e arejados (com grande oferta de oxigênio).

Depois, manejar culturas perenes de forma estratégica, de maneira a constituírem grandes armadilhas e armazenadores de gases de efeito estufa, tanto nas raízes como em troncos e galhos, como nos sistemas agroflorestais ou nos reflorestamentos. Em seguida, generalizar o uso do cultivo mínimo ou zero, reduzindo gastos com energia fóssil e emissões de gases de efeito estufa pelo solo, como no sistema de plantio direto.

E quanto ao arroz irrigado? Nesse caso, introduzir técnicas de manejo intermitente da água, já disponíveis, permitindo aporte mais freqüente de oxigênio ao solo. E quanto aos ruminantes? Buscar processos mais intensivos, melhorar a oferta e a qualidade da forragem das pastagens e aumentar a produtividade por animal ou reduzir sua idade de abate. E o nitrato? E o fosfato? Realizar aplicações estritamente necessárias e localizadas que possam ser cicladas pelas culturas, além de realizar práticas de conservação de solo e água. Tentar parcelar as doses de nitrogênio o maior número de vezes possível, ou utilizar fontes com liberação mais lenta do nutriente. Ufa! Mas vamos em frente.

Polícia sanitária

A natureza originalmente também utiliza substâncias químicas para diferentes finalidades, incluindo a defesa de indivíduos – vegetais ou animais. Porém, por exemplo, em comunidades vegetais diversificadas, onde a competição por espaço e nutrientes é mínima, por causa da complementaridade das espécies, muitas vezes essas substâncias químicas de defesa nem precisam ser sintetizadas. Isso ocorre especificamente apenas após o ataque, gerando as chamadas fitoalexinas, em ações localizadas, sem afetar o ambiente no entorno.

A guerra química em escala "microcirúrgica" já foi inventada pela natureza. Na natureza, em um ecossistema natural equilibrado, pode-se dizer que todos os organismos vegetais e animais têm funções preestabelecidas e geralmente complementares. As ações de alimentação na cadeia alimentar não constituem agressões. São, na realidade, um mecanismo de fortalecimento da comunidade, eliminando-se indivíduos fracos, doentes e mortos (ao mesmo tempo que já servem estritamente de alimento), para dar espaço e energia a indivíduos mais vigorosos na produção de energia e seu armazenamento em determinado hábitat.

Quando as atividades agrícolas se iniciam já pela eliminação da diversidade de alimento, representada pela biodiversidade vegetal, estabelecendo monocultivos extensivos, além de destruir o "efeito galpão" original, as plantas exóticas introduzidas vão sofrer as conseqüências básicas de um desequilíbrio ambiental provocado. Reduzem-se as espécies de parasitas e patógenos e as de seus inimigos naturais (predadores e patógenos). As condições de maior temperatura e menor umidade relativa do ar selecionam e reduzem mais ainda as espécies tanto de parasitas como de seus predadores.

As plantas cultivadas, quando não adequadamente selecionadas para as novas condições ambientais oferecidas, podem apresentar problemas fisiológico-nutricionais. Num período de escassez de água, por exemplo, a planta pára temporariamente seu desenvolvimento, acumulando substâncias químicas primárias, como aminoácidos e açúcares redutores, e não proteínas ou amido ou sacarose (moléculas orgânicas mais complexas e difíceis de serem degradadas por uma mesma espécie de parasita ou patógeno).

Nesse caso, ocorre um verdadeiro sopão nutritivo para habituais indivíduos parasitas e patógenos em potencial, que são estimulados nutricionalmente pela fartura de alimentos oferecidos pela planta enfraquecida. Esses parasitas e patógenos se desenvolvem mais rápido, chegando logo à maturidade sexual e à reprodução prolífica de novos indivíduos. Ou seja, há uma explosão populacional. Seguindo leis estabelecidas pela natureza, os novos indivíduos tentarão eliminar o mais depressa possível aquela planta ou plantação deficiente para dar lugar às espécies ou variedades mais adaptadas ao local.

Na realidade, as chamadas pragas constituem a "polícia sanitária" da natureza. São um indicador de que o manejo do sistema de produção realizado pelo homem está defeituoso, inadequado, insustentável. Os produtos agrícolas gerados terão baixo valor biológico. O ser humano, porém, já se utilizava dessa explosão de população de certos parasitas e patógenos para realizar, após recombinações genéticas, a seleção de espécies e variedades mais adaptadas ao local de plantio e ao modo de manejo. O objetivo é escolher, multiplicar e recomendar as espécies e variedades mais resistentes ou tolerantes aos agressores ao mesmo tempo que mantenham elevada produtividade, seja porque conseguiram estabelecer um estado nutricional mais eficiente (o que deveria ser priorizado), seja por fortalecerem algum aspecto de seu sistema de defesa. A recombinação genética tradicional, sexuada, porém, apresenta baixo índice de retorno, algo como três a dez materiais novos para cada dois milhões de recombinações ou novos programas genéticos gerados.

Como muitas vezes essa seleção é mais lenta do que o desejável, o ser humano desenvolveu, então, procedimentos para evitar perdas de áreas onde já houve investimentos pesados. Não dispondo de tempo para um novo plantio de material mais adequado, procura defender com unhas e dentes o capital investido. Então, usa agrotóxicos. Sem tecnologia para realizar uma agricultura de precisão, que permitiria a intervenção química apenas onde seria estritamente indispensável, fazia aplicações em área total, até mesmo induzindo a ações preventivas de controle – sim, uso sem necessidade.

Essa quantidade enorme de venenos lançados no ambiente, talvez dez a vinte vezes mais do que o realmente necessário, agravava não só a saúde do ambiente, eliminando inimigos naturais e insetos polinizadores, sem os quais muitas vezes não há produção – caso do maracujá e da maçã –, mas também a qualidade já inferior dos alimentos, produzindo alimentos deficientes e envenenados.

A denúncia de exageros no uso de venenos fez o ser humano tentar copiar procedimentos utilizados pela natureza. Entre os mais importantes está o manejo integrado de pragas. Utilizam-se venenos somente diante de risco de dano econômico. Procura-se substituir, quando possível, os venenos por agentes biológicos, muitas vezes constituídos por inimigos naturais. Na agricultura de precisão, procura-se realizar aplicações direcionadas e específicas aos pontos de perigo de dano econômico iminente.

Contudo, houve evolução na velocidade de gerar recombinações gênicas, por meio da enxertia de genes específicos, retirados até mesmo de outras espécies (transgênicos), no programa genético das espécies ou variedades de interesse agrícola. Esse procedimento pode ser um grande avanço para reduzir a necessidade de uso de venenos, desde que tenha por objetivo principal adequar o sistema de nutrição à oferta ambiental de nutrientes e assim materializar adequadamente seu sistema de defesa, ao lado do estabelecimento de refúgios de inimigos naturais e de arborizações estratégicas para aumentar a umidade relativa do ar e reduzir a amplitude térmica do ambiente produtivo.

Os esforços, porém, foram feitos no sentido de introduzir genes que conferem resistência de plantas contra venenos comerciais, que o agricultor compra e aplica em área total para eliminar pragas, sem danificar aparentemente a cultura agrícola (por exemplo, a soja). Entretanto, não há garantias de que isso não traga efeitos negativos ao ambiente e ao consumidor final do produto agrícola.

Toda praga pode desenvolver indivíduos resistentes. Todo gene pode controlar a produção de dezenas de proteínas, que podem variar com as condições ambientais ofertadas! Nenhum veneno é inócuo. Por poderem gerar efeitos diretos e indiretos e interferir no metabolismo vegetal, eles precisam ser pesquisados e manipulados com precaução redobrada. Especialmente quando se introduzem genes de espécies bem distintas entre si que se desenvolvam em ambientes muito diferentes e podem gerar proteínas alergênicas ou mesmo tóxicas para a saúde animal, humana e ambiental, dependendo das condições ambientais variáveis oferecidas pelo campo agrícola e seu manejo. Em condições laboratoriais sob rigído controle, torna-se mais fácil direcionar a produção de substâncias e proteínas específicas desejadas e úteis, como na indústria farmacêutica.

Os esforços também se têm voltado para promover a produção interna de venenos, para que as pragas que se alimentam das folhas dessas plantas morram intoxicadas. Quem garante que também o ser humano não vai ingerir esse produto agrícola e se intoxicar? Portanto, o procedimento de produção dos chamados transgênicos (organismos geneticamente modificados ou engenheirados) não é incorreto. Incorreta está sendo a estratégia de não utilizar os procedimentos da natureza para estabilizar ecossistemas sustentáveis, que fossem melhores para o ambiente e a saúde humana. Em particular numa agricultura que não prioriza o combate à fome de ninguém. Portanto, o problema maior é o objetivo ético de uso do produto final.

O argumento de que se deseja produzir alimentos mais ricos em determinados nutrientes geralmente também constitui propaganda enganosa, pois no processamento industrial os alimentos são destituídos dessas qualidades nutricionais naturais, como nas farinhas brancas (*versus* as integrais), o arroz branco (*versus* o integral), o sal refinado (*versus* o integral) e outros. Primeiro a população consumidora necessitaria passar por um treinamento intensivo de como nutrir-se bem!

Contudo, como venho tentando mostrar neste artigo, a agricultura moderna tornou-se ferramenta para ganhar dinheiro com os produtos gerados, que até podem ser utilizados como alimentos, eventualmente, mas com a total responsabilidade de risco do consumidor. A saúde do consumidor é apenas um detalhe não tão importante para os que desenvolvem esses produtos com o objetivo único de ganhar dinheiro.

Soluções, soluções. Soa professoral e até meio chato reafirmar com ênfase o que a maioria dos interessados em agricultura já sabe, mas vamos a algumas soluções. Restabelecer urgentemente a infra-estrutura ambiental mínima de água residente + solo permeável + vegetação diversificada e o "efeito galpão", a fim de possibilitar o desenvolvimento das plantas sem sobressaltos nutricionais (agravados por períodos secos e quentes); utilizar espécies e variedades mais adaptadas ao campo cultivado; alternar linhas de variedades mais suscetíveis com variedades mais resistentes ao patógeno predominante na área; aumentar a presença de inimigos naturais das pragas e, a partir daí, ampliar o manejo integrado de pragas (MIP; conhecendo o ciclo biológico do parasita, otimiza-se o uso de venenos, substituídos, quando possível, por agentes biológicos de controle) e, em caso emergencial, realizar a aplicação "site specific" (agricultura de precisão) de venenos, de preferência seletivos.

Raízes da consciência

No Brasil, mais de 80% da população procuram refúgio nas cidades, esperando encontrar nelas a salvação e a libertação das agruras do campo. Mas se esquecem de que deveriam, adquirindo maior força política, lutar por uma agricultura mais saudável, voltada realmente para a produção de alimentos; uma agricultura que enriqueça a natureza, a fim de garantir a oferta de água e ar limpos e de alimentos saudáveis. O ato de voltar as costas à área rural e tentar se refugiar em ambientes virtuais será cobrado pela natureza, tornando as cidades infernos insustentáveis.

Ah, soluções, soluções. Esclarecer de forma intensiva e ininterrupta os conceitos ecológicos fundamentais de manutenção e promoção da vida para toda a população, por meio da educação ambiental formal e informal e da imprensa, e assim conseguir conscientizá-la da necessidade de começar a agir segundo as leis da natureza, já que campos destruídos resultam em cidades insustentáveis, a começar pelos secões (racionamentos de água) e apagões.

De nada servem as soluções tecnológicas pontuais de controle ambiental e de serviços de importação de alimentos, de água e de ar (entendam-se sessões de respiração de oxigênio). O objetivo deveria ser levar a população conscientizada e politicamente articulada a contribuir para que seu ambiente de suporte vital fosse conservado e melhorado, com a finalidade de proporcionar qualidade de vida a si e seus descendentes.

A interação harmoniosa de homem saudável, educado e produtivo com um ambiente sadio certamente pode gerar recursos financeiros de forma sustentável.

A exploração predatória do ambiente, ao contrário, para gerar o máximo de recursos financeiros no mais curto tempo, à custa do ambiental e do social, tem como resultados previsíveis a gradativa exclusão e a extinção da espécie humana por inanição e intoxicação, mesmo que se esteja carregando uma mala repleta de dinheiro forte. Lutemos por uma agricultura melhor, mais humana! Jornalistas: entendam os processos e evitem a pretensão à neutralidade. Pelo menos em temas que afetam a vida de todos nós.

Referências bibliogáficas

BARRÈRE, M. (org.). *Terra, patrimônio comum: a ciência a serviço do meio ambiente e do desenvolvimento.* São Paulo: Nobel, 1992.

EMBRAPA. *Alternativas para a prática de queimadas na agricultura: recomendações tecnológicas.* Brasília: Embrapa/DPD-ACS, 2000.

GALVÃO, A. P. M., (org.). *Reflorestamento de propriedades rurais para fins produtivos e ambientais: um guia para ações municipais e regionais.* Brasília: Embrapa Comunicação para Transferência de Tecnologia, 2000.

KRAMER, P. J. *Plant & soil water relationships: a modern synthesis.* Nova Delhi: Tata McGraw-Hill, 1975.

LARA-CABEZAS, W. A. R.; e FREITAS, P. L. *Plantio direto na integração lavoura–pecuária.* Uberlândia: APDC-UFU, 2000.

LIEBMANN, H. *Terra, um planeta inabitável?* São Paulo: Melhoramentos, 1976.

LIMA, W. P. *O reflorestamento com eucalipto e seus impactos ambientais.* São Paulo: Artpress, 1987.

LOMBARDI NETO, F.; e DRUGOWICH, M. I. (orgs.). *Manual técnico de manejo e conservação de solo e água – vol. I.* Campinas: Cati, 1993.

ODUM, E. P. *Fundamentos da ecologia*. Lisboa: Fundação Calouste Gulbenkian, 1959.

OMETTO, J. C. *Bioclimatologia vegetal*. São Paulo: Ceres, 1981.

PRIMAVESI, A. *Manejo ecológico do solo: a agricultura em regiões tropicais*. São Paulo: Nobel, 1980.

_____. *Manejo ecológico de pragas e doenças: técnicas alternativas para a produção agropecuária e defesa do meio ambiente*. São Paulo: Nobel, 1988.

_____. *Agroecologia, ecosfera, tecnosfera e agricultura*. São Paulo: Nobel, 1997.

Sites de referência

Ministério da Agricultura, Pecuária e Abastecimento
www.agricultura.gov.br
Agricultural Marketing Service – National Organic Program
www.ams.usda.gov/nop
Organic Europe
www.organic-europe.net
International Federation of Organic Agriculture Movements
www.ifoam.org
Agroecologia
www.agroecologia.com.br
Empresa Brasileira de Pesquisa Agropecuária
www.embrapa.br/plantiodireto
Programa Agricultura Familiar
www.pronaf.gov.br
Agrorganica
www.agrorganica.com.br
The Allan Savory Center for Holistic Management
www.holisticmanagement.org
Instituto Nacional de Pesquisas da Amazônia
www.inpa.gov.br

Sergio Vilas Boas

Nasceu em Lavras (MG) em 1965. Cresceu e se educou em Belo Horizonte. É jornalista formado pela Uni-BH e mestre em Ciências da Comunicação pela ECA/USP, onde prepara atualmente sua tese de doutorado. Seu principal campo de interesse, pesquisa e trabalho é o jornalismo narrativo, especificamente histórias de vida, biografias e perfis. É autor de artigos, reportagens especiais, entrevistas, ensaios, perfis, contos e resenhas de livros nas mais diversas áreas, que incluem política, educação, administração, tecnologia, negócios e cultura.

Trabalhou no *Diário do Comércio*, de Belo Horizonte, época em que foi agraciado com dois prêmios: Prêmio Fiat Allis de Jornalismo Econômico 1996, pela série de reportagens sobre conflito de gerações em empresas familiares de Minas Gerais; e Profissional de Mídia do Ano em Comunicação Empresarial 1997, da Associação Brasileira de Jornalismo Empresarial (Aberj), pelo conjunto do trabalho desenvolvido. Em São Paulo, onde reside desde 1998, trabalhou na *Gazeta Mercantil* e na *Folha de S.Paulo*.

Além de contos publicados nas revistas *E* (do Sesc-SP) e *Cult*, é autor dos livros *O estilo magazine* (1996), *Biografias & biógrafos* (2002) e *Perfis* (2003), publicados pela Summus; e de *Os estrangeiros do trem N* (Rocco, 1997), obra que lhe valeu o Prêmio Jabuti 1998 na categoria reportagem. Edita e coordena, com outros três jornalistas pesquisadores, o site TextoVivo – Narrativas da Vida Real: *www.textovivo.com.br*.

Coleção
Formação & Informação

O desafio educacional deste início de século XXI pode ser sintetizado em duas diretrizes: formar para compreender e conhecer para transformar. Como as extraordinárias mudanças científicas, tecnológicas e filosóficas das últimas décadas ainda não se refletiram na diminuição das desigualdades globais, fazem-se necessários, mais que nunca, estudos proativos, ações inovadoras, senso crítico vigoroso, solidariedade e auto-exames: descobrir soluções viáveis para os graves problemas sociais herdados do século passado.

Muitas organizações jornalísticas já perceberam que não podem mais – sob o manto de uma neutralidade simulada – omitir-se em relação aos interesses genuinamente coletivos. Os leitores-telespectadores-ouvintes-internautas da era digital têm a oportunidade ímpar de navegar por múltiplos canais de informação. Mas não se trata apenas de poder informar-se ou sentir-se informado. Mais e mais pessoas desejam ir além, querem aderir a experiências construtivas concretas, dando novo significado à lógica do consumismo ou mesmo recusando-a.

Formação & Informação nasceu para vislumbrar alternativas nessa linha. Os volumes fornecem conteúdos essenciais sobre macrotemas jornalísticos e mostram como decifrá-los para o público (iniciado ou leigo). Escritos sob óticas diversas, os artigos partem da premissa de que um comunicador social deve se aprofundar em um assunto de maneira sistêmica e de que o público, por sua vez, precisa se situar no turbilhão de dados desconexos próprio do nosso momento histórico. Significa que é preciso inter-relacionar fatos, experiências e valores humanos; semear o presente, originando o passado, antevendo o futuro.

Sergio Vilas Boas

------- dobre aqui -------

ISR 40-2146/83
UP AC CENTRAL
DR/São Paulo

CARTA RESPOSTA
NÃO É NECESSÁRIO SELAR

O selo será pago por

summus editorial

05999-999 São Paulo-SP

------- dobre aqui -------

FORMAÇÃO & INFORMAÇÃO AMBIENTAL

summus editorial
CADASTRO PARA MALA-DIRETA

Recorte ou reproduza esta ficha de cadastro, envie completamente preenchida por correio ou fax, e receba informações atualizadas sobre nossos livros.

Nome: _____ Empresa: _____
Endereço: ☐ Res. ☐ Coml. _____ Bairro: _____
CEP: _____ - _____ Cidade: _____ Estado: _____ Tel.:( ) _____
Fax:( ) _____ E-mail: _____ Data de nascimento: _____
Profissão: _____ Professor? ☐ Sim ☐ Não Disciplina: _____

1. Você compra livros:
☐ Livrarias ☐ Feiras
☐ Telefone   ☐ Correios
☐ Internet   ☐ Outros. Especificar: _____

2. Onde você comprou este livro? _____

3. Você busca informações para adquirir livros:
☐ Jornais   ☐ Amigos
☐ Revistas   ☐ Internet
☐ Professores ☐ Outros. Especificar: _____

4. Áreas de interesse:
☐ Educação   ☐ Administração, RH
☐ Psicologia   ☐ Comunicação
☐ Corpo, Movimento, Saúde ☐ Literatura, Poesia, Ensaios
☐ Comportamento   ☐ Viagens, *Hobby*, Lazer
☐ PNL (Programação Neurolinguística)

5. Nestas áreas, alguma sugestão para novos títulos? _____

6. Gostaria de receber o catálogo da editora? ☐ Sim ☐ Não
7. Gostaria de receber o Informativo Summus? ☐ Sim ☐ Não

Indique um amigo que gostaria de receber a nossa mala-direta

Nome: _____ Empresa: _____
Endereço: ☐ Res. ☐ Coml. _____ Bairro: _____
CEP: _____ - _____ Cidade: _____ Estado: _____ Tel.:( ) _____
Fax:( ) _____ E-mail: _____ Data de nascimento: _____
Profissão: _____ Professor? ☐ Sim ☐ Não Disciplina: _____

summus editorial
Rua Itapicuru, 613 – 7º andar 05006-000 São Paulo - SP Brasil Tel.: (11) 3872 3322 Fax (11) 3872 7476
Internet: http://www.summus.com.br   e-mail: summus@summus.com.br